IDEAS EN PSICOANÁLISIS

Neurosis obsesiva

Irene Magán de Cid

longseller

NEUROSIS OBSESIVA

Editores de IDEAS EN PSICOANÁLISIS
Ivan Ward (Reino Unido)
Juan Carlos Kreimer (Argentina)
Corrección: Inés Gugliotella

Longseller S.A.
Casa matriz: Avda. San Juan 777
(C1147AAF) Buenos Aires
República Argentina
Internet: www.longseller.com.ar
E-mail: ventas@longseller.com.ar

159.195 MAG
Magan de Cid, Irene
Neurosis obsesiva.- 1ª ed.- Buenos Aires: Longseller, 2002.
96 p.; 17x11 cm. - (Ideas en psicoanálisis)
ISBN 987-550-059-3
I. Título - 1. Psicoanálisis

Queda hecho el depósito que marca la ley 11.723.

Impreso y hecho en la Argentina
Printed in Argentina

Esta edición de 3000 ejemplares, se terminó de imprimir en los talleres de Longseller, en Buenos Aires, República Argentina, en febrero de 2002.

Introducción: Un penar estrafalario

Sigmund Freud definió la afección que se conoce actualmente con el nombre de "neurosis obsesiva" como "un penar estrafalario". Esta dolencia no escapa a la regla general que indica que todas las neurosis son malas soluciones de los conflictos psíquicos. Todas parten de la ilusión de que es posible superar las dificultades sin enfrentarlas.

Esto quiere decir que, frente a una determinada problemática psíquica, el neurótico busca desentenderse de ella: en lugar de resolverla, la niega. El objetivo es olvidar, hacer de cuenta que nada ha sucedido, no saber del asunto. De esta manera, el sujeto "reprime" el conflicto, lo tapa (o al menos cree hacerlo), utilizando para ello algún mecanismo defensivo.

Freud, que elabora el concepto de "aparato psíquico" para entender y curar las neurosis, sostiene que en este "aparato" nada se pierde ni se olvida definitivamente; todo se transforma y... ¡retorna! Una hipótesis fuerte del psicoanálisis es, por consiguiente, que los síntomas neuróticos tienen un sentido (lo que se intenta desentrañar a través del psicoanálisis) y que ese sentido testimonia el fracaso de la tentativa por olvidar.

Las neurosis y sus síntomas aparecen en principio como atajos, pero, lejos de acortar el camino, se constituyen en obstáculos que complican la travesía. Trabajan según la ley "del menor esfuerzo" —o, si se quiere, "del menor displacer"—, lo que, en un punto, equivale al refrán "Pan para hoy y hambre para mañana". Así, ahorran un malestar actual y postergan para quién sabe cuándo aquello que sería preferible enfrentar ahora. En consecuencia, resultan un mal negocio pues hipotecan la vida futura.

Aun cuando, en este sentido, podría considerarse a esa represión como una vía de cierta utilidad práctica, la solución neurótica de los conflictos no es la mejor, ya que desencadena síntomas y maneras de ser que no sólo resultan extravagantes o estrafalarios, sino además inútiles e incluso perjudiciales.

- La película *As good as it gets* (traducida en algunos países como *Mejor imposible*), dirigida por James L. Brooks, describe las peripecias de un neurótico obsesivo llamado Malvin (Jack Nicholson). Malvin sostiene una personalidad y síntomas tan penosos e insólitos que lo discapacitan para ir tras la felicidad, por ejemplo a través de "su" camarera Carol Conelly (Helen Hunt). Malvin está atrapado por rituales, ceremoniales, compulsiones y obsesiones que, como los atajos mencionados, lo desvían de las metas importantes que podría trazarse en su vida.

Freud utiliza la palabra alemana "*swang*" para nombrar la neurosis obsesiva. "*Swang*" se traduce como "obligar", "forzar", "constreñir" o "dominar", con connotaciones de violencia, fuerza, premura, presión y obligación. Es decir que esta fallida solución de un conflicto psíquico desemboca en una neurosis que avasalla y aniquila al sujeto con obligaciones y deberes infinitos. Una violenta presión lo obliga a pensar una y otra vez en tonterías a las que reconoce como tales, y no puede evitar llevar adelante actos y ceremoniales inútiles bajo amenaza de una angustia incontrolable o de las más exóticas, nefastas e increíbles consecuencias.

El psicoanálisis opone a este penar que resulta insensato para el sentido común una idea audaz: los síntomas neuróticos son ricos en sentido inconsciente.

- Una mujer siente pánico ante los espacios abiertos y restringe su actividad a un ámbito limitado en el que se siente segura. De este modo, desperdicia su potencial personal y se priva de las posibilidades del intercambio con otros y la frecuentación de nuevos escenarios.

Esta mujer que rehuye el contacto con el mundo exterior se ahorraría algunas inhibiciones si pudiera enfrentar sus fantasías. En éstas, quizá protagoniza aventuras, amores y desilusiones como cortesana de una corte europea o como "mujer de la calle". Incorporar estas fantasías en la relación erótica con su pareja podría ser una alternativa a la reclusión que se autoimpone y, desde luego, una manera de enfrentar el conflicto psíquico subyacente.

Freud sostiene que bajo el disfraz exótico de la sintomatología neurótica se esconde un sentido inconsciente (ver *El inconsciente,* en esta misma colección). El significado de este sentido encubierto en el síntoma neurótico debe ser desentrañado y descifrado para alcanzar la receta terapéutica que propone el psicoanálisis.

Casos en libros y en películas

La estrafalaria, penosa e imposible existencia del Malvin de Jack Nicholson invita a poner a prueba la hipótesis freudiana que indica que los síntomas neuróticos son ricos en sentido, y que este sentido se entrama con el vivenciar del enfermo.

- Malvin es un sujeto que presenta infinidad de excentricidades. Cada vez que ingresa en su casa, debe cumplir con un ritual: cerrar y abrir el cerrojo de la puerta cinco veces. Este procedimiento se repite con las luces: tiene que prenderlas y apagarlas otras tantas veces. Además, se prohíbe lavarse las manos dos veces con el mismo jabón, del que se deshace inmediatamente tras un único uso; el agua con que se lava debe estar hirviendo, y evita tocar con la mano el espejo del botiquín. Por otra parte, rehuye cualquier roce corporal pues siente terror frente al contacto con los demás. Por esta razón, usa guantes en la mayoría de las ocasiones.
  La vida de Malvin está perfectamente programada: almuerza todos los días en el mismo restaurante, se sienta a la misma mesa, lleva sus propios cubiertos y debe ser atendido siempre por "su" camarera. No tolera nada que modifique esta rutina. Cuando descubre a otra persona almorzando en "su" mesa, reacciona con una agresividad desmedida.

Malvin tiene tolerancia cero ante situaciones imprevistas: en una ocasión, debe cuidar al perro de su vecino y esta sorpresa lo paraliza. Cierto día, "su" camarera, que lo atiende diariamente en el restaurante, no concurre a trabajar y él queda descolocado. Va a buscarla a su casa y la acusa de haberle "arruinado el día". Nada puede quedar librado al azar. Incluso se fastidia cuando advierte que su psiquiatra cambió el decorado del consultorio.

Como escritor —a esto se dedica—, Malvin está absolutamente concentrado en cumplir con la tarea; su meta es escribir la mayor cantidad de libros posible, lo desee o no y disfrute o no con su trabajo. De hecho, dice haber terminado ya sesenta y dos obras.

El caso de Malvin tiene antecedentes en la literatura. En *Macbeth,* de William Shakespeare, el personaje de Lady Macbeth se lava las manos reiterada y obsesivamente, y sólo puede tocar los picaportes con los codos. ¿Será posible encontrarle un sentido a tanta excentricidad?

Se sabe que Lady Macbeth lamenta haber perdido su "pureza moral" en ocasión de una infidelidad conyugal y que lucha contra los remordimientos. Los cien lavados diarios no alcanzan a borrar esa mancha de su pasado ni a limpiar su mala conciencia. A esto se agrega —y, por cierto, no es un dato menor— su instigación al asesinato del Rey por parte de su esposo, el ambicioso y pusilánime Macbeth.

Lady Macbeth, que se sabe "sucia", trata de alejar de sí tal conocimiento. Se prohíbe el contacto con los picaportes como sustitución neurótica de su renuencia a ponerse en contacto con su propia "suciedad" interior.

Quizá también Malvin se reproche inconscientemente alguna bajeza moral y pretenda librarse de ese remordimiento. Su sujeción a estrictas normas de higiene pretende compensar simbólicamente su desobediencia pasada a alguna regla ética mucho más importante. El tormento autoimpuesto del agua hirviendo tal vez lo transporte imaginariamente al "merecido infierno".

Los lectores de Freud conocen el famoso caso de una muchacha de diecinueve años con severos síntomas obsesivos que complicaban enormemente el momento de ir a dormir.

Paula, según Freud, es una muchacha muy inteligente y con un futuro brillante. Tras una infancia activa, salvaje y traviesa, Paula se ha vuelto irritable, insatisfecha e inclinada a la duda y la indecisión. Parece triste y descorazonada. Dice que se siente incapaz de planear su futuro y, menos aún, de llevarlo adelante.

Sus padres están alarmados por el tiempo que invierte en irse a dormir. Paula se ve obligada a desarrollar lo que bien puede describirse como un ceremonial, que ella justifica con el argumento de que sólo puede conciliar el sueño en condiciones de absoluto silencio. A tal fin, se ve obligada a eliminar todo ruido. Los padres sospechan que tantos recaudos son excesivos, como también lo es el tiempo que requiere el cumplimiento de estos menesteres.

- Para lograr su propósito, Paula acomoda floreros, adornos, libros y otros objetos de su dormitorio de modo de evitar que una mínima brisa pueda moverlos y provocar algún ruido. Cada noche, detiene el funcionamiento del reloj del abuelo, ubicado en el hall de entrada de la casa, a pesar de que el tictac apenas se escucha desde su dormitorio. Además, ningún reloj permanece en la habitación después de que ella ha entrado, ni siquiera su reloj de pulsera. Paula es consciente de que el tictac del reloj del abuelo es apenas audible desde su habitación y está segura de que es poco probable que el viento arrase con sus adornos; sin embargo, insiste en su ritual.

  Al silencio como condición para el sueño, se le agregan otros elementos que no sólo son independientes de este requerimiento, sino que lo contradicen. Paula necesita que, en el momento de ir a dormir, la puerta que comunica su habitación con la de sus padres permanezca abierta. Así, la posibilidad de recibir sonidos no controlados se ve aumentada y hasta garantizada por esta supuesta medida preventiva.

Como si estas extravagancias no fueran suficientes, la muchacha se somete a severas restricciones antes de acostarse. Su almohada grande no puede tocar la cabecera de la cama y otra pequeña debe ubicarse sobre la primera formando un rombo. Ella apoya la cabeza indefectiblemente sobre la diagonal mayor que forman las almohadas. Por otra parte, debe sacudir y acomodar la colcha de su cama de manera que quede como una superficie plana; para lograrlo, se ve obligada a corregir la "panza" que forma la colcha a los pies de la cama repetidas veces.

Paula y sus padres saben que todo esto no se lleva adelante fácilmente. Los relojes, aun silenciados, no dejan de marcar que ella invierte más de dos horas en este estrambótico ceremonial.

- Un ejemplo elocuente es el de una mujer joven, casada desde hace cinco años y madre de un único hijo. Esta muchacha se siente acosada por algunos temores: experimenta un impulso irrefrenable a tirarse por el balcón, y también, por momentos, siente el deseo de tomar un cuchillo y matar al niño. Ella ama al pequeño y siempre ha sido —y pretende seguir siendo— una persona prudente, amable y cordial; más aún, es alguien que ama la vida. Sin embargo, esos dos impulsos se entrometen en su realidad cotidiana sin que pueda evitarlo.

- Otro caso es el de Ernesto, un hombre que vive atormentado y, a la vez, atormentando a los suyos. Cuando Freud redacta el historial correspondiente a su tratamiento, lo bautiza como el Hombre de las Ratas. El apodo se debe a que la palabra "ratas" demuestra ser un punto de convergencia que sintetiza la totalidad de la problemática del caballero en cuestión.
  Entre tantas otras cosas que lo agobian, Ernesto nunca está seguro de haber captado acabadamente el sentido de lo que le ha sido dicho. El sujeto parece absorbido por este afán por comprender. No puede hacer otra cosa que reinterrogar interminablemente a sus interlocutores para cerciorarse de haber entendido correctamente lo que le han dicho. Esta obsesión lo inhabilita para trabajar y, por lo tanto, está muy deprimido. Su vida se ha vuelto imposible.

¿Qué racionalidad se esconde tras esta lógica complicada y un tanto bizarra? ¿Cómo entender estos comportamientos, en apariencia inevitables, que entorpecen la cotidianidad de algunas personas y, con frecuencia, la de su entorno? ¿Cuáles son los mecanismos que entran en juego en la reiteración de esas ceremonias ineludibles? Las respuestas que se han propuesto a estos interrogantes están lejos de ser uniformes. La coexistencia de acuerdos y de diferencias ilustra lo poco evidentes que resultan estos "penares estrafalarios".

Consensos y divergencias

Estas extravagancias que provocan tanto malestar a quien las padece y a su entorno no pueden entenderse de una manera uniforme. En el ámbito de la salud mental, no existe unanimidad de criterios al respecto. Sólo hay acuerdo respecto del carácter compulsivo y forzado de estos comportamientos.

En efecto, los ceremoniales, los rituales o las ideas de las personas que padecen estos trastornos se presentan como violentamente imperativos. Estos sujetos sienten que es imposible escapar de ellos y no pueden evitar la ejecución de las obligaciones más inverosímiles.

Estas personas, sin embargo, llegan a reconocer el carácter disparatado de su penar. Por lo general, demuestran ser muy inteligentes y tienen todas sus facultades mentales intactas, salvo por esos extraños pensamientos y mandatos que se incrustan en su racionalidad.

Philippe Pinel, el iniciador de la psiquiatría moderna, se refería a esta dolencia como "manía sin delirio". Con ello, quería señalar que se trata de una locura sin pérdida de la conciencia ni del buen juicio. Malvin no delira; tampoco se cree Shakespeare o Napoleón. Es un ser excéntrico, insoportable y malhumorado, pero tiene buen corazón y está bien conectado con su ambiente.

Las peculiaridades obsesivas no pueden ser combatidas por medio de argumentos racionales. El obsesivo las reconoce. Malvin sabe que desperdicia el jabón al utilizarlo sólo una vez; Paula advierte que no hay lógica en sus previsiones antes de acostarse, y Ernesto entiende que su obsesión por comprender hace que los demás piensen que está "algo trastornado". Todos ellos saben de sus locuras, pero no pueden evitarlas.

La obligatoriedad de las acciones obsesivas suele estar reforzada por amenazas terribles, absurdas y mágicas. Así, Ernesto se ve compelido a pagar una deuda a quien no es su acreedor, bajo amenaza de un grave perjuicio para su novia o para su padre... ¡que a la sazón ya ha muerto!

Ese carácter compulsivo e inevitable hace que sólo sea posible una estrategia: desplazar la obligación de una idea tonta a otra idea tonta y contaminar la totalidad de la existencia hasta volverla casi imposible.

Sobre estas peculiaridades de la sintomatología obsesiva hay acuerdo. Pero, más allá de este consenso, abundan las discrepancias.

El síntoma es rico en sentido... ¿o no?

El *Manual Diagnóstico y Estadístico de los Trastornos Mentales - 4º Versión* (conocido como DSM IV) fue publicado en 1994 por el Comité de Nomenclatura y Estadística de la Asociación Norteamericana de Psiquiatría. Este manual pretende instalar un lenguaje común para los distintos profesionales de la salud mental. El objetivo es que tanto psicólogos como psiquiatras, obras sociales y mutuales tengan un punto de referencia compartido al cual referirse en temas de psicopatología. Se recurre a este manual, por ejemplo, para lo que concierne a trámites sobre reintegros o beneficios en sistemas de medicina prepaga, seguros, asuntos forenses, determinación de incapacidades, y demás.

El DSM IV proporciona criterios diagnósticos enumerando las características observables de cada tipo de trastorno mental. Esta descripción se describe a sí misma como "neutral" respecto de toda teoría que investigue las causas de los padecimientos. En este sentido, los criterios de este manual se presentan como "objetivos".

El DSM erradicó la categoría "neurosis" de sus clasificaciones. Para obtener información sobre el cuadro psicopatológico que Freud denominó "neurosis obsesiva", es necesario reunir dos capítulos distintos del manual. Por un lado, se define el trastorno obsesivo compulsivo y su sintomatología; por otro, se habla del trastorno obsesivo-compulsivo de la personalidad, que alude a una persona que manifiesta una exagerada preocupación por el orden, la perfección y el control de su espontaneidad.

Según esta perspectiva, la causa que determina la aparición de los síntomas no tiene relevancia. Por lo tanto, no se investiga el origen del padecimiento. Si el paciente presenta síntomas que se corresponden con la enumeración provista por la tabla respectiva, se establece un diagnóstico y se recomienda un tratamiento.

El diagnóstico de Ernesto, por ejemplo, sería "trastorno obsesivo compulsivo". Para este cuadro, se recomienda una terapéutica basada en medicación combinada con terapia conductista. Dicha terapia no investiga la historia del síntoma ni lo que éste encubre, sino que apunta a que el síntoma desaparezca. Para ello, propone ejercicios pensados para que el paciente resista el impulso a ejecutar el acto compulsivo.

Por el contrario, según la propuesta freudiana, los síntomas son ricos en sentido, y este sentido proviene de las vivencias y la historia de la persona.

El psiquiatra francés Henry Ey describe a un paciente que debía tener un pedazo de jabón en su bolsillo y tocarlo a cada instante. También hace referencia a otro que debía calcular la raíz cuadrada del número de baldosas del piso antes de franquearlas. El neurótico obsesivo se somete a estas reglamentaciones con cierta enigmática alegría de no ser libre, de ser esclavo de su implacable tiranía interior.

¿Cómo entender que una persona pueda alegrarse en la esclavitud autoimpuesta? El psicoanálisis supone que en los síntomas subyacen significaciones inconscientes. Estos síntomas se constituyen en acertijos que, una vez desentrañados, pierden la gracia. Una terapéutica coherente con esta teorización incluye, entonces, el develamiento del sentido de estas manifestaciones patológicas. El sujeto tiene así la oportunidad de resolver más felizmente su problemática, apostando a levantar la hipoteca que grava su vida.

Acerca de adivinadores y de magos

La hipótesis freudiana indica que los síntomas neuróticos no son, en realidad, tan estrafalarios como se presentan. Lo mismo ocurre con aquellos errores que obstaculizan el normal desempeño de las actividades más habituales y a los que Freud se refiere en *Psicopatología de la vida cotidiana*: fallos de memoria, equivocaciones al leer o al escribir, traspiés verbales —lapsus—, y demás (ver *Actos fallidos*, en esta misma colección).

Por lo general, estos yerros son atribuidos al azar, al descuido o a la falta de atención. Sin embargo, para el psicoanálisis, al igual que los síntomas neuróticos, son una expresión de representaciones inconscientes que se ha intentado mantener a distancia, pero que logran abrirse paso.

En 1900, Freud publica *La interpretación de los sueños*, cuyo título anticipa la hipótesis fundamental del texto: también los sueños son portadores de sentido y susceptibles de interpretación. La fachada estrafalaria y enigmática de los sueños encubre fantasías que, si fueran debidamente interpretadas, cobrarían sentido.

Según las teorías científicas contemporáneas a Freud, los sueños son un proceso meramente fisiológico que no exige ninguna hipótesis sobre procesos psíquicos. Por lo tanto, estas teorías liquidan el problema sobre su significación.

Sin embargo, ya la tradición daba un sentido a los sueños, para lo cual empleaba dos métodos diferentes. Por un lado, la técnica "simbólica", que consideraba al sueño en su totalidad y daba por sentado su sentido profético. En este caso, todo dependía del arte del interpretador, que quedaba emparentado con magos y adivinos. Por otro lado, la técnica del "desciframiento", que consistía en aislar algunos de los elementos del sueño y traducirlos según un código en particular; por ejemplo, el del libro de los sueños que suele exhibirse en las agencias de lotería.

Una vez más, afirma Freud, una creencia popular mantenida con tenacidad a lo largo de los siglos parece aproximarse más a la verdad de las cosas que el juicio de la ciencia. En sintonía con la enseñanza de la sabiduría popular, la hipótesis freudiana sostiene que el sueño posee realmente un significado y que es posible interpretarlo. Para ello, Freud se ve obligado a inventar un método capaz de extraer el secreto escondido en las producciones oníricas. Este método se aplica también a los episodios de la psicopatología de la vida cotidiana y a los síntomas neuróticos. Freud construye una técnica que mezcla elementos de los procedimientos tradicionales de interpretación.

De este modo, el psicoanálisis admite una interpretación simbólica de los sueños, pero, en lugar de tomar cada sueño como un todo, analiza los elementos que lo componen. La elección misma del término "psico-análisis" proviene de la idea de fragmentación propia de los trabajos que se realizan en los laboratorios de química.

El significado desentrañado, sin embargo, no depende del arte o la intuición del adivino de turno: surge de la historia de la persona en análisis. Esto significa que el psicoanálisis busca el sentido en las vivencias personales y allí encuentra las claves para la interpretación. Freud sostiene que los síntomas neuróticos, los sueños y los eventos de la psicopatología cotidiana son de naturaleza compuesta y propone su análisis mediante las ocurrencias emergentes en las personas que solicitan tratamiento, en el contexto de una "cura por la palabra".

Allí donde los adivinadores, magos y vendedores de lotería encuentran sentidos correspondientes a los más diversos ámbitos (sexuales, fúnebres, laborales, y otros), el psicoanálisis sostiene que, aunque los sueños, síntomas y demás anomalías cotidianas expresen fantasías de diversa índole, siempre hay una significación última que proviene de la historia del propio sujeto. Con más exactitud, de su vida sexual.

Del asombro inicial al firme convencimiento

Aunque la psiquiatría había sospechado desde siempre que la sexualidad podía desempeñar algún papel causal en el ámbito de las neurosis, jamás le había otorgado un carácter determinante. Antes del advenimiento del psicoanálisis, por ejemplo, la muchacha de los rituales obsesivos previos al dormir hubiera sido considerada una joven caprichosa y mal educada. Difícilmente alguien hubiera enlazado sus excentricidades con su vida sexual. Sin embargo, los ceremoniales de Paula se esclarecen a la luz de los avatares reprimidos de su sexualidad infantil.

Nunca fue fácil lograr que Paula durmiera. Siempre fue inquieta y llorona, y sólo conciliaba el sueño si se la admitía en la cama de sus padres. Cuando, finalmente, consiguieron que permaneciera en su propia cama, el insomnio la mantenía alerta durante horas, hasta que la vencía el cansancio. Sus padres tampoco descansaban bien. La mera idea de que Paula estaba despierta e insomne los consternaba de tal modo que ellos también terminaron por alterar sus vidas.

Evidentemente, Paula es un obstáculo que dificulta y hasta impide que sus padres lleven adelante una vida feliz. Tomás, el hermano menor de Paula, también se queja. Ella, que parece odiarlo apasionadamente, lo asfixia con cuidados extremos. Es un amor que martiriza. La abuela de Paula afirma que las dificultades de la joven comenzaron con el nacimiento de Tomás.

¿Cómo entiende el psicoanálisis un caso como el de Paula? Una persona muy celosa busca entrometerse en la vida de los que cela: "ser un tercero en discordia" es el lema de su vida. Evitar el contacto entre la almohada y la cabecera de la cama representa el anhelo reprimido de entorpecer el contacto sexual entre la madre y el padre. La puerta abierta que conecta el dormitorio infantil con el de los padres garantiza la presencia virtual de Paula en la intimidad de ellos. La joven debe cerciorarse de que su madre está plenamente satisfecha con ella. Por lo tanto, ni otro hijo ni un esposo deberían competir con las satisfacciones que ella le brinda.

¿Qué decir del tictac de los relojes que son desterrados de su habitación? ¿Cuál es el pensamiento reprimido, y por lo tanto inconsciente, que obliga a este ritual? Freud aventura la siguiente explicación: el latir del clítoris excitado por los sueños adolescentes.

Paula pretende ser el único motivo de alegría de su madre. Hoy como ayer, teme que algún nuevo niño pueda venir a cuestionar su protagonismo en el amor materno. Este temor está representado en la colcha "panzona" amontonada a los pies de la cama, que ella insiste en achatar. El "penar estrafalario" de la adolescente deja de ser insensato si se lo evalúa a la luz de los irrefrenados celos edípicos.

Por hipótesis como éstas, Freud perdió buena parte de sus pacientes y casi todo su prestigio. Sin embargo, insistió y postuló la causa sexual de las neurosis. Los celos forman parte de la vida amorosa de las personas, aunque muchos consideren que los niños, aun los celosos, son ajenos a pasiones propiamente sexuales.

Pero ¿cómo entender correctamente la hipótesis freudiana del origen sexual de las neurosis? ¿De qué modo la historia sexual de una persona se vuelve tan potente como para producir síntomas neuróticos en general y los correspondientes a la neurosis obsesiva en particular?

Se confirma la sospecha

Freud mismo resultó sorprendido por la frecuencia con que los neuróticos presentaban anomalías en su vida sexual adulta y derivó de esta evidencia una primera hipótesis. En esta primera teorización, se entiende que la masturbación, la abstinencia sexual o el *coitus interruptus* producen algunos síntomas correspondientes a lo que Freud denominó "neurosis actuales". Según esto, el presente sexual —y no la historia sexual infantil— es responsable de la sintomatología. No se indaga entonces sobre el pasado, sino sobre la práctica sexual actual.

Además de estos pacientes neuróticos, Freud trató a otro grupo de pacientes, en su mayoría histéricos. La historia del psicoanálisis comienza con estos tratamientos, pero debe tenerse presente que la neurosis obsesiva será considerada un "dialecto" de la histeria; una lengua derivada del tronco original del lenguaje histérico. Como tal, su destino estará siempre atado al de la histeria. Esta última patología oficia como una especie de hermana mayor encargada de abrir los caminos que luego serán transitados por el resto de la familia neurótica: la histeria de angustia y la neurosis obsesiva.

Los pacientes histéricos son tratados terapéuticamente mediante la hipnosis. En estos casos, se suponía que el factor sexual constituía, entre otras, una causa posible. Gracias a la hipnosis, se relatan diversas situaciones conflictivas que no han podido ser elaboradas y comprendidas en su momento, y que luego se expresan en una multiplicidad de síntomas neuróticos.

Ejemplo de esto es una persona que juzga inoportuna la expresión de su tristeza y dolor mientras debe atender a su padre enfermo. La tristeza y el dolor deben retenerse. Tras la muerte del padre, estos sentimientos se expresan en un síntoma "de conversión". Por ejemplo, cuando el padre estaba agonizando apoyó su mano en la pierna de su hijo. Después de su muerte, el joven siente anestesiada precisamente esa parte de la pierna.

En casos como éste, la terapéutica crea las condiciones para la expresión de los sentimientos retenidos y, por lo tanto, permite enfrentar el duelo por la muerte del padre. Es decir que la estrategia de la cura está pensada para que el sujeto enfrente su problemática, en lugar de evitarla y manifestarla como síntoma.

De la mano de esta metodología, Freud se vio llevado a rastrear cada vez más lejos en el tiempo los eventos psíquicos determinantes de la patología. Por otro lado, los pacientes llamaron su atención sobre acontecimientos de sus propias infancias, particularmente acerca de sucesos de su vida sexual.

- Catalina tenía dieciocho años. Cuando trabajaba como camarera, atendió a Freud durante sus vacaciones en una posada de los Alpes. Como sabía que era médico, lo consultó sobre sus dolencias. Catalina decía que le faltaba el aire; creía ahogarse. Además, sentía una opresión sobre los ojos, le pesaba la cabeza y se mareaba. Pensaba que iba a morirse y se había vuelto muy temerosa. Dentro de este conjunto de síntomas correspondientes a un ataque de angustia, le parecía ver un rostro horripilante que la miraba de una manera espantosa y le infundía mucho miedo. Las asociaciones de Catalina condujeron a Freud y a su inesperada paciente hasta el recuerdo de dos escenas. En una de ellas, más reciente, Catalina era testigo de un episodio erótico entre su padre y una prima. En la otra, que en realidad era anterior en el tiempo, la propia Catalina era acosada sexualmente por el padre. Intentos como éste se venían repitiendo desde hacía bastante tiempo. El rostro amenazante y furioso que se le aparecía en el presente era la cara del padre "desfigurada por la furia" después de que Catalina le contara todo a su madre.

Poco a poco, Freud fue adquiriendo el convencimiento de que los neuróticos, fueran obsesivos o histéricos, estaban marcados de manera decisiva por vivencias sexuales ocurridas en la infancia. Los sujetos, a través del "olvido", intentaban defenderse del recuerdo de estos episodios. Sin embargo, esas vivencias lograban abrirse paso y se expresaban en los síntomas.

En suma, aunque Freud fue cambiando y enriqueciendo sus concepciones al respecto, jamás abandonó su tesis sobre el papel determinante de la sexualidad en la generación de las neurosis. También puso especial énfasis en aclarar que su tesis era la sedimentación de experiencias proporcionadas por la escucha y el tratamiento de sus pacientes, y no fruto de una especulación previa.

La defensa neurótica

Los síntomas neuróticos son el resultado de una mala tramitación de conflictos psíquicos, los que, según Freud, involucran siempre alguna experiencia de índole sexual. Sin embargo, ¿cuál es la lógica que permite evadir este conflicto, aun a costa de generar la sintomatología neurótica?

Cuando un conflicto está instalado, un proceso normal requiere la elaboración consciente, es decir, "asumir el problema". Esto significa tolerar la inquietud generada. Reconocer el problema es vital para poder resolverlo. El neurótico, en cambio, toma distancia y evita el contacto con lo doloroso. Así, opera una defensa poco práctica que aconseja huir de ese displacer.

Inicialmente, Freud habla en general de ideas "inconciliables". Estas ideas, que podían referirse a temas tristes, inoportunos, groseros o humillantes, se vuelven "inasimilables" para el sujeto en tanto hieren de algún modo su sensibilidad. La cuestión queda "atragantada": no se la puede digerir.

La persona que no puede enfrentar su conflicto huye obedeciendo a una ley que el psicoanálisis estableció como rectora: el principio del placer-displacer.

En efecto, durante mucho tiempo pareció evidente que lo propiamente humano es la búsqueda de la felicidad y la evitación del sufrimiento. La conducta de los hombres resultaba adecuadamente explicada a través de una tendencia refleja que evita el dolor y el displacer, y busca las gratificaciones inmediatas.

Sin embargo, Freud no tardó en advertir el carácter problemático de esta ley, porque si bien escapar es la primera reacción frente a un peligro que amenaza, este impulso no es necesariamente la mejor respuesta. No siempre la primera reacción es la más adecuada, y la evidencia demuestra que muchas veces es más provechoso detenerse a reflexionar sobre qué hacer y postergar la acción inmediata.

Sin embargo, las metas del principio del placer-displacer gobiernan en el inconsciente, por lo cual determinan el comportamiento del sujeto. Así, éste se ve obligado a huir de lo penoso a toda costa, por el camino más inmediato y en apariencia más fácil. El sujeto cierra los ojos para no percibir la proximidad del peligro y, de este modo, da por finalizado el conflicto. Obviamente, esta táctica demuestra ser "Pan para hoy y hambre para mañana".

La represión opera según este principio; aunque evita un displacer inmediato, embarga el futuro de la persona y garantiza su "hambre" en el mañana. El mecanismo de la represión impulsa al individuo a huir frente a un peligro interno. Para el psicoanálisis, la primera reacción frente a un peligro interno es fugarse; por eso, describe a esta "fuga" como un mecanismo de represión.

Pero ¿cuál es el equivalente anímico de la fuga ante un peligro interno? ¿Cuál es el mecanismo que se dispara frente a una idea conflictiva? ¿Cómo opera el automatismo del principio del placer-displacer cuando la amenaza proviene no ya del medio externo, sino del propio sujeto?

Una luz de advertencia

Un placentero y tranquilo paseo con la familia se ve inoportunamente alterado por la luz de advertencia del tablero del automóvil que indica un déficit en la lubricación o en el nivel del líquido para frenos. La seducción del paisaje y el ameno disfrute de la vida familiar tientan al conductor a desestimar el aviso y proseguir su camino sin detenerse a verificar el estado del vehículo.

Si el principio del placer-displacer actuara libremente, la manera más inmediata de encarar la dificultad sería desconectar la luz indicadora: paseo para hoy, accidente para mañana.

La mecánica propia de la represión debe ser entendida según la lógica del ejemplo que antecede. No enfrentar un conflicto actual que contraría el principio del placer establece las condiciones de posibilidad de un problema mayor.

¿Cómo procede esta defensa frente a lo conflictivo que altera el principio del placer? El conductor nada sabría de sus dificultades mecánicas si la lamparita del tablero no se hubiera encendido. Si la señal hubiese estado desconectada, se habría ahorrado un disgusto presente, aunque por cierto quedaba expuesto a uno aún mayor en un futuro cercano.

Pero la advertencia funcionaba adecuadamente. Entonces, el conductor tiene dos opciones: no tomar en cuenta la indicación, obedeciendo a la tendencia refleja, o postergar su gratificación presente a fin de evitar males mayores y posibilitar satisfacciones futuras.

En este caso, se impone el "principio de realidad" que aconseja tolerar un malestar actual para procesarlo más apropiadamente y así evitar que el pan de hoy implique el hambre de mañana. Esta última alternativa constituye, por cierto, una atenuación del principio del placer-displacer.

Ahora bien, por el contrario, si sólo rige el principio del placer-displacer, entonces la actitud refleja es volver inoperante la idea problemática. Este procedimiento no elimina el problema, pero lo inhabilita: como "no se prende la lamparita" correspondiente, no se activa el conflicto. Y si el conflicto no se activa, entonces no hay displacer. De este modo, al desconectar la idea conflictiva y privarla de su energía, lo que en verdad se logra es tapar un problema.

Esta manera de procesar el conflicto psíquico está presente en los textos tempranos de Freud. En ellos, su autor establece que la mecánica propia de la represión es el retiro de la energía o el interés de las ideas conflictivas. Este "desenchufarse" está presente en las neurosis en sus diferentes formas. Así, la histeria de conversión, la fobia y la neurosis obsesiva tienen en común este automatismo que obliga a "desconectarse" de lo problemático en lugar de tramitarlo de manera consciente.

Es importante recordar que el aparato psíquico ideado por Freud obedece al principio según el cual "nada se pierde, todo se transforma". En consecuencia, el interés se desvía de lo problemático, pero de ninguna manera queda eliminado. Debe, necesariamente, encontrar un destino, o bien descargarse como angustia.

El afecto por excelencia

La angustia es el afecto por excelencia porque constituye un más acá o más allá de las palabras. Su presencia es siempre desestructurante para la persona y sólo encuentra alivio si logra ser entendida mediante su enlace con la palabra.

En *Inhibición, síntoma y angustia,* Freud postuló que la angustia proviene del trauma del nacimiento, cuando se produce la separación del nuevo ser del cuerpo de la madre. Este trauma reaparece en situaciones que evocan ese momento.

El principio del placer-displacer demanda que la angustia sea urgentemente significada, ya que el aparato psíquico sólo puede funcionar de manera adecuada cuando energía y palabra se asocian en una ilación de pensamiento consciente o inconsciente. W. R. Bion, famoso psicoanalista británico, la definía con gran elocuencia como "un terror sin nombre". De un modo más poético, el filósofo alemán Martin Heidegger afirmó que en la angustia, la existencia humana se ve como una "isla que flota en la nada".

Si un sujeto presencia una escena violenta que lo conmociona enormemente, es seguro que algún buen amigo le aconsejará no pensar más en lo que vio. Este compañero funciona según el principio del placer-displacer: quiere distraer al amigo para que éste olvide lo que tuvo que enfrentar. El psicoanalista, en cambio, apuntará a que el desafortunado testigo pueda digerir y asimilar su experiencia. A fin de que la elabore, le propondrá ponerle palabras a la vivencia. La persona podrá valorar las consecuencias probables del hecho, hacerse cargo de su responsabilidad —si la tuvo— y mirar el acontecimiento desde diversos ángulos. Irá, por así decir, "gastando" el hecho hasta transformarlo en un recuerdo. Sólo mediante este trámite del pensar, podrá "digerir" la experiencia —esto es, procesar la idea conflictiva que permanece "atragantada"— y evitar que ésta se instale como un angustioso y continuo presente.

Por el contrario, si no se enfrenta el conflicto, es decir, si se lo reprime, la energía retirada de la idea problemática, o la aportada por la escena violenta, queda, por así decir, liberada... y busca su destino. El síntoma neurótico se alimenta de esta energía devenida libre y, por lo tanto, impide la descarga angustiosa... a costa, claro está, de todos los inconvenientes que acarrean los síntomas.

De este modo, en la histeria de conversión, esta energía extraída del conflicto psíquico se convierte en síntomas corporales. Éste es el caso de Dora, que arrastraba lastimosamente un pie sin que los médicos pudieran explicar su discapacidad. El análisis descubrió que ella había fantaseado "dar el mal paso" con su amado. Puesto que la idea le resultaba conflictiva, fue reprimida mediante el retiro de la energía que la alimentaba. La defensa impidió que Dora decidiera si quería o no llevar adelante este deseo, y esta conflictiva indecisión se expresó metafóricamente en su cuerpo mediante el síntoma de conversión.

En la histeria de angustia o fobia, por otra parte, la energía correspondiente a lo problemático se coloca en objetos o situaciones frente a los cuales es posible poner distancia. Este mecanismo recibe el nombre de "proyección".

El fóbico, por ejemplo, se ve compelido a alejarse de animales, encuentros sociales, la oscuridad, los espacios abiertos o cerrados y otros elementos de los que parece emerger el temor. Esta "evitación" completa el proceso defensivo, y, por este motivo, la tímida señora que se defiende de las tentaciones de la calle lleva una vida tan limitada.

Por su parte, Malvin y Lady Macbeth sufren una obsesión por la limpieza. En su "penar estrafalario", combinan estrategias defensivas fóbicas y propiamente obsesivas. Lo específico de la neurosis obsesiva es que la energía que se retira de la idea problemática es desplazada hacia algún otro pensamiento. Éste recibe una dotación energética desproporcionada y, por lo tanto, se vuelve obsesivo; es imposible alejar este nuevo pensamiento que se impone contrariando la voluntad de la persona. Este procedimiento se conoce como "falso enlace".

Malvin vive rehuyendo el contacto con el mundo de los objetos en general, e incluso con sus propios sentimientos y emociones. Para lograr este propósito, usa guantes casi permanentemente y ahuyenta incluso a aquellas personas que podrían tener afinidad con él. Malvin no quiere ensuciarse. Al parecer, asocia el vínculo con objetos y personas a la suciedad. ¿Cómo es que la cercanía de personas y objetos ha quedado ligada a lo inmundo y pestilente? ¿Cuál es, en este caso, la idea problemática? Es posible imaginar que Malvin pretende seguir el ejemplo de Pilatos y "lavarse las manos" de algún asunto turbio. Quizá fantaseó con "robarle" la novia a su mejor amigo y la mera idea de ser capaz de tamaña mugrienta ruindad lo conmocionó. La energía retirada de esa fantasía tan sucia busca un destino... y lo encuentra en la sobrevaloración de su opuesto: una pulcritud ética que lo atormenta. De este modo, queda constituida la obsesión que lo acompaña invariablemente.

Una vez proyectada, esta obsesión explica su escrupulosidad en temas de limpieza e higiene. Ciertas culturas castigan el robo mediante la amputación de las manos del reo. Malvin no ha perdido sus manos, pero las maltrata de manera muy significativa a través de sus ceremoniales y las mantiene dentro de sus guantes. Muchos niños —que no suelen tener guantes a su alcance— esconden sus manos detrás de la espalda cuando se los acusa de haber hecho alguna travesura.

Así, las exigencias de Malvin relacionadas con la higiene son como "lamparitas" alternativas que, en realidad, no interesan por sí mismas. Estas obligaciones en torno de la higiene están ligadas asociativamente a un pensamiento conflictivo; asumen su representación y reciben la energía que ha sido retirada de él.

Sin embargo, el éxito de esta maniobra defensiva es relativo: el pobre de Malvin no logra eliminar el malestar, sino tan sólo reubicarlo.

¿Por qué la sexualidad infantil?

Durante el tratamiento de pacientes histéricos, Freud observó que la narración de los padecimientos de esas personas desembocaban, invariablemente, en relatos de atentados sexuales sufridos de manera pasiva. En principio, estos episodios parecían ser, de hecho, el origen de las neurosis. En el caso de Catalina, la camarera acosada por su padre, el responsable de los ataques sexuales podía ser el padre, un hermano, una institutriz o cualquier otra persona.

Estos episodios ocurren en una época muy precoz en términos de maduración sexual. El niño no está en condiciones de asimilar lo sucedido y, menos aún, de sentir alguna excitación propiamente sexual. En razón de esto, la experiencia constituye un trauma presexual.

En el aparato psíquico concebido por Freud, hay fronteras defensivas que intentan protegerlo de los estímulos hostiles y garantizar su normal funcionamiento. Ahora bien, si los estímulos recibidos son excesivos, las defensas son sobrepasadas y el aparato psíquico queda avasallado e imposibilitado de funcionar normalmente: las defensas fracasan.

Este exceso de estímulos que no puede ser procesado de manera adecuada se vivencia subjetivamente como angustia, estupor o perplejidad. El efecto traumático se ve potenciado si el individuo carece de las palabras y experiencias suficientes y apropiadas como para canalizarlo mediante el pensamiento.

Esto es lo que sucede cuando un menor es atacado sexualmente. El niño "no tiene idea" de lo que está viviendo y, por lo tanto, la significación de esta experiencia queda pendiente. La vivencia no puede ser digerida; queda enquistada como un cuerpo extraño que angustia e inquieta, y que retorna, por ejemplo, en pesadillas terribles. El trauma pretende darse a entender, pero no lo logra.

Sería deseable que lo traumático pudiera ser asimilado de manera apropiada, pero esto es imposible ya que el niño carece de las palabras y las experiencias adecuadas. Es probable que el pequeño se vuelva irritable, taciturno y enigmático. Más adelante, cuando esta energía encuentre algún pensamiento al que adherirse, se desencadenará la represión, y luego, el síntoma.

En efecto, con la maduración sexual, aquel "recuerdo" se actualiza. El adolescente puede ahora "entender" lo que sucedió en su niñez. Los cambios en su cuerpo lo habilitan para comprender retroactivamente lo padecido. El carácter sexual del atropello queda en evidencia. Cuando es leída desde la madurez sexual, aquella experiencia desata una represión ciega. En consecuencia, se fuerza la formación de síntomas.

Aquello que Freud inicialmente mencionaba en términos generales como "inasimilable", podía ser ahora conceptualizado como un trauma sexual infantil. Esta "teoría traumática" parecía desentrañar, entonces, el enigma de las causas de las neurosis.

Desde este punto de vista, los síntomas histéricos se debían a la significación retroactiva de seducciones sufridas pasivamente. Restaba por establecer el trauma causante de la neurosis obsesiva y así diferenciar a ésta de la histeria de conversión.

Un placer retroactivamente reprochable

- Ernesto le pidió permiso a su gobernanta para meterse debajo de su pollera. Ella estuvo de acuerdo, siempre que el niño no le dijera nada a nadie. Ernesto exploró el cuerpo de su cuidadora con regocijo y curiosidad. No hay por qué suponer que esta escena haya ocurrido sólo una vez.

A raíz de relatos similares a éste, Freud fue construyendo su hipótesis sobre las causas específicas de la sintomatología obsesiva. Según estos recuerdos, los futuros obsesivos participaron activa y placenteramente en juegos sexuales con otros niños, institutrices u otros adultos.

En su momento, esta gozosa participación no produjo ningún conflicto, ya que tuvo lugar durante el período infantil previo al establecimiento de la moral, la vergüenza o el pudor. En aquella época, el niño podía pasearse desnudo por una playa o mostrar sus genitales a otros niños sin que ninguna sanción se asociara a estas actividades y las estropeara.

Con la adquisición de los diques morales, aquellos juegos son retroactivamente asociados a reproches y a la culpa. Las nuevas palabras y significaciones sexuales hacen que la persona relea esas escenas de su pasado infantil y las condene de manera retroactiva. El regocijo en su momento inocente es sancionado luego como pecaminoso.

La hipótesis de Freud es la siguiente: los niños que con gusto llevan adelante estos juegos también han sufrido de manera pasiva una agresión sexual. Es decir que tras estas escenas de activa participación, se esconden otras, más precoces, en las que el niño fue pasivamente seducido. Así, la histeria de conversión y la neurosis obsesiva compartirían el origen de su sintomatología: un trauma sexual de la infancia.

Las ideas obsesivas resultan, entonces, de la expresión deformada de aquel deseo infantil ligado a los juegos placenteros y de los reproches posteriores que han condenado este deseo considerado incorrecto. Una vez que uno y otros han sucumbido a la represión, la energía que cargan estas representaciones queda liberada. Esta energía vacante se desplaza a otra idea (el "falso enlace") y se desencadenan los estrafalarios síntomas obsesivos.

Desde esta perspectiva, es posible entender la paradójica "alegría de no ser libre" de la persona obsesiva cuando se sabe a salvo de los embates de su deseo. El refrán dice que "el que se quema con leche ve la vaca y llora". El que se ha "quemado" en el infierno de los remordimientos, nada quiere saber de las tentaciones propias de su deseo y adopta los recaudos pertinentes para no ser tomado por sorpresa.

Más tarde, Freud modificaría sus puntos de vista acerca de la etiología de las neurosis en general y, por lo tanto, acerca del origen de la sintomatología obsesiva. Pero algo permanece inalterable: en la neurosis obsesiva existe un nexo obsesivamente torturante entre deseo y reproche.

De la teoría traumática a la sexualidad infantil

Algunos pacientes de Freud abandonan prematuramente su tratamiento y otras curas se dilatan en exceso. De manera curiosa, también se producen éxitos inexplicables desde el punto de vista teórico. Freud se ve entonces obligado a redefinir su teoría sobre las neurosis. Aunque sus hipótesis se basan en los relatos de sus pacientes y se ha mantenido fiel a ellos, algo anda mal. El sentido común le indica que, dada la proliferación de neurosis, sería necesario suponer que la perversión de los adultos abusadores está difundida en relación directamente proporcional al número de neuróticos. Esto le parece poco probable.

Por otro lado, Freud llega a la conclusión de que en el inconsciente no hay posibilidad de distinguir entre verdad histórica y escenas del mundo de la fantasía. Desde el inconsciente, los recuerdos sobre abusos sexuales pueden ser reflejo de acontecimientos ciertos, como también productos de la imaginación.

Si la seducción original no siempre resulta ser un acontecimiento histórico sino una fantasía, entonces la teoría debe necesariamente modificarse. La nueva teorización dice que el adulto reelabora la verdad histórica de su infancia, escamoteando la participación sexual que tuvo como niño. Desde el presente, la mirada retrospectiva modifica de manera tendenciosa los hechos infantiles, encubriendo la sexualidad propia de los años previos a la maduración biológica. El adulto escribe su propia novela familiar y en ella emerge como una víctima inocente.

El "error" freudiano ha sido tomar por verdad histórica los relatos de sus pacientes, que no eran sino versiones noveladas y que escondían las experiencias propias de la sexualidad infantil.

Placer y fantasía

La nueva teoría indica que hay sexualidad previa a la adolescencia. Esta sexualidad infantil evidencia que el placer sexual es independiente de la reproducción, pero está sujeto al principio del placer-displacer. Por lo tanto, resulta evidente que la sexualidad humana busca el placer por el placer mismo y no como medio para el logro de otros fines, incluida la reproducción.

En efecto, en *Tres ensayos de teoría sexual* Freud sostiene que la sexualidad infantil se apoya, inicialmente, en las exigencias de las necesidades propias de la autoconservación. Así, en el amamantamiento resulta imposible diferenciar el placer amoroso de la plenitud que es propia de la saciedad del hambre.

El goce del chupeteo, que no satisface ninguna urgencia alimenticia, muestra que el placer oral se ha independizado de la alimentación. Se busca el placer por el placer mismo. La sexualidad se evidencia como ajena a cualquier fin práctico. Los esfuerzos titánicos de varias generaciones de padres por hacer que sus hijos se despidan del "chupete" hablan a las claras del atractivo que los niños encuentran en el placer oral buscado por sí mismo e independiente de la alimentación.

Tras una concepción inicial que sostenía el carácter anárquico de la sexualidad presente en los niños, Freud elaboró una teorización que describe estadios de organización. Estas diferentes etapas de la sexualidad infantil son denominadas "estadio oral", "estadio sádico-anal" y "estadio fálico".

En torno de la etapa fálica, se estructura una experiencia central de la infancia: el complejo de Edipo. Después de la disolución de éste, sigue un período llamado de "latencia". La sexualidad queda "tapada" hasta hacer su reaparición en la adolescencia. Freud resalta un rasgo exclusivo de la sexualidad humana: este "despertar" en dos tiempos. Existe un primer florecimiento hasta el sepultamiento del complejo de Edipo y un segundo tiempo correspondiente al resurgimiento sexual propio de la adolescencia.

La fantasía

El hecho de que las escenas infantiles sospechosas de provocar la sintomatología neurótica no siempre fueran verdaderas y, aun así, causaran tantos problemas fue muy sorprendente para Freud. Cuando se estudian las causas de los malestares humanos, el sentido común indica que la realidad fáctica merece un respeto mayor que las historias inventadas. La fantasía parece asunto de poetas y materia de utopías, pero no objeto de preocupación de médicos o de científicos.

A pesar de estos reparos, el psicoanálisis equipara fantasía y realidad en tanto causa de los síntomas neuróticos. La fantasía tiene un tipo de realidad eficaz: la "realidad psíquica". En el terreno de la neurosis, es esta realidad psíquica la que resulta decisiva.

La mujer que tiene miedo de desear cualquier cosa, incluyendo matar a su hijo, es acosada continuamente por reproches equivalentes a los que hubiese merecido si de hecho asesinaba a la criatura.

Estos fenómenos llevan a Freud a afirmar que el inconsciente no tiene manera de diferenciar la fantasía de la realidad fáctica. Los "malos" pensamiento que habitan el mundo de la fantasía se equiparan en el inconsciente a los crímenes realmente consumados.

Estas fantasías inconscientes son escenificaciones en las que se despliegan y realizan los deseos. En ellas, los más íntimos e inconfesables anhelos se presentan como satisfechos y provocan la acción de la represión. La mujer agorafóbica que fantasea con ser una cortesana, por ejemplo, nada sabe de su deseo inconsciente; sólo evita salir a la calle y, en general, rehuye cualquier contacto social.

A medida que la educación hace su tarea, el niño se ve obligado a abandonar placeres que lo gratifican enormemente. Pero esta renuncia al placer directo es difícil, y sólo se efectúa a cambio de alguna compensación. En el dominio de la fantasía, el hombre se independiza de las imposiciones de la educación y recupera la libertad que creyó disfrutar en su niñez. Ya se sabe, además, que "todo tiempo pasado fue mejor". Esta idea la provee el llamado "mundo fantasmático".

La fantasía conserva el antiguo estado de cosas no contaminado aún por las exigencias de la realidad. El placer rompe, entonces, las cadenas que lo domestican. Por esta vía, se desliga de la aprobación social. Nada impide, en este territorio liberado, que el mendigo se vuelva príncipe.

Cuando el psicoanálisis admite la eficacia de la realidad psíquica, descubre que las escenas de seducción relatadas por los pacientes están destinadas a encubrir la historia sexual infantil y, en particular, la actividad autoerótica.

Mediante estas novelizaciones, el sujeto pretende ahorrarse culpa y vergüenza. El niño, ahora adulto, trabaja como el poeta, inventándose un mundo de fantasía al que toma muy en serio. Este universo lo compensa por las renuncias que ha tenido que aceptar. Construye castillos en el aire en los que resulta victorioso y, además, siempre inocente: el "malo de la película" no es él, sino ese al que le atribuyen todas las felonías.

El hombre se fija a aquellas fantasías donde aún no ha sido expulsado del paraíso y es, por lo tanto, plenamente feliz. A esas escenificaciones se transporta una y otra vez, como el que no se cansa de volver infinitamente a su película favorita.

El cristal neurótico

El aparato psíquico descripto por el psicoanálisis puede concebirse como un archivo de experiencias: un sistema complejo que guarda una memoria imperecedera de las vivencias y las organiza según diversas lógicas. Los recuerdos son las marcas que van dejando los acontecimientos y que no pueden eliminarse.

Al estilo de un caleidoscopio psíquico, estos recuerdos, llamados "huellas mnémicas" pueden participar de diversas configuraciones y así ofrecer espectáculos más o menos agradables o displacenteros.

El resultado del giro caleidoscópico puede alterar incluso el registro de la verdad histórica, es decir, los acontecimientos pueden ser deformados en uno y otro sentido. Aun así, esta lectura tendenciosa de los hechos jamás logrará borrar el rastro de lo acontecido.

Desde esta perspectiva, Freud propone la siguiente metáfora para ilustrar la mecánica que está en juego en la eclosión de una neurosis: "Cuando arrojamos al suelo un cristal, se rompe, mas no caprichosamente; se rompe con arreglo a sus líneas de fractura, en pedazos cuya delimitación, aunque invisible, estaba predestinada por la estructura del cristal...". Esta analogía no simboliza las vivencias de los múltiples elementos que componen el caleidoscopio psíquico, sino en las invisibles líneas de fractura del cristal neurótico.

Este cristal esconde diferentes huellas. La más trascendente es la correspondiente a la inscripción de la prohibición del incesto. Otras marcas, por ejemplo, recuerdan las experiencias que se organizan en torno de las etapas de evolución de la libido.

Freud llama "libido" a la energía de la sexualidad. La libido se adhiere tenazmente a las primeras marcas, a sus primeros objetos y satisfacciones. Empecinada en adosarse al recuerdo de un placer infantil, que se le presenta como ilimitado e inigualable, la libido desestima la búsqueda de nuevas fuentes de gratificación.

Por la vía de estas fijaciones, la libido puede entrar en conflicto con el crecimiento y el bienestar. El concepto de fijación remite, entonces, a esta permanente nostalgia de la libido.

En lugar de hacer camino al andar, siempre está volviendo la vista atrás "sobre la senda que nunca se ha de volver a pisar" (como dice el poeta Antonio Machado). La libido intenta permanentemente volver sobre sus pasos. Opera según el principio de que "segundas partes nunca fueron buenas" y se aferra, con obstinación, a un pasado engrandecido por el recuerdo y al que se intenta regresar.

La regresión, a su turno, es consecuencia directa del atractivo ejercido por las fijaciones. Es importante aclarar que fijación y regresión sólo pueden separarse a los fines expositivos, ya que "en la realidad" son inseparables en su funcionamiento.

Ahora bien, no todos los cristales son iguales: fortaleza y fragilidad se combinan de manera infinita. Frente a los mismos embates de la vida, algunos cristales resisten mientras otros se hacen añicos inmediatamente.

Cuando el cristal neurótico se rompe, los trozos producidos ponen en evidencia las líneas de fractura que deja la historia de cada uno. En esta historia, hay un capítulo fundamental: el complejo de Edipo. A través de su tramitación, el padre desaloja al niño de su pretensión incestuosa, se reivindica como objeto del deseo materno y, de este modo, castra simbólicamente a su hijo. La inscripción de la prohibición del incesto es la marca que evidencia este movimiento. El niño, que supuso ser todo lo que su madre anhela, se ve arrojado del Edén. El deseo materno se vuelve un enigma, y el niño ya no sabe qué es lo que su madre desea.

Las neurosis aisladas por Freud comparten esta inscripción fundante, pero se distinguen por las estrategias que delinean inconscientemente para enfrentar el enigma del deseo materno e intentar recuperar algo de la dicha perdida. El neurótico obsesivo, fijado a la idealización de la etapa anal, actualiza regresivamente las pautas de relación propias de esa etapa.

La etapa sádico-anal corresponde al período del control de esfínteres. Durante este período, se constituye una polaridad actividad-pasividad. Un polo está representado por el sadismo y el uso de la musculatura y la pulsión de dominio; el otro está centrado en el goce anal.

En este estadio, el niño se enfrenta a una exigencia: el control de esfínteres. Por lo general, es la madre quien encara este entrenamiento. El niño puede o no acatar la solicitud, pero, haga lo que haga, el simple encauzamiento de una necesidad fisiológica se transforma en una demostración de amor o de hostilidad. La naturalidad de la defecación queda definitivamente perdida.

En efecto, controlar esfínteres se convierte en un acto de amor o de odio del niño hacia la madre, a quien él puede ofrecer su docilidad o su hostilidad. Es decir que el niño puede o no controlarse, y así provocar o no la sonrisa aprobadora.

Simbólicamente, el excremento se vuelve un objeto valorado: un regalo muy apreciado por la madre. Es gracias a su donación que la madre parece satisfecha. La pestilente materialidad de las heces recibe una valoración que, mágicamente, las transforma en tesoro. Se evidencia aquí la ambivalencia propia del objeto anal: ¿Excremento u oro? ¿Tesoro que debe ser conservado o desperdicio inmundo que tiene que ser eliminado?

Las heces pueden ser causa de placer autoerótico en juegos de retención y expulsión anal, pero ese placer es puesto en cuestión cuando la madre solicita una disciplina higiénica. El futuro obsesivo se impondrá el deber de postergar y hasta eliminar su propio deleite, en aras de cumplir con la demanda de la madre y la de quienes, a su turno, vengan a ocupar un lugar en su aprecio.

En suma, esta novela infantil dice que "hubo una vez" en que fue posible satisfacer a la madre y que esta satisfacción dependió de su autocontrol, disciplina y fuerza de voluntad. En ese Edén, el niño creía saber lo que su madre esperaba, y ella no tenía secretos para él. La clave de la felicidad y de la plenitud era la subordinación a las demandas, y es a ello a lo que el obsesivo se entrega inconscientemente, postergando el placer personal. Malvin escribe una cantidad enorme de libros. Es muy eficiente en su trabajo, pero no extrae ningún placer de esta labor. Entrega con docilidad sus productos, cumpliendo en tiempo y forma con lo que se espera de él. Se conforma con la satisfacción por el deber cumplido. La vida no tiene secretos, novedades ni enigmas para él, por lo que quizá le resulte un poco aburrida e insípida.

Una curiosa propiedad del inconsciente

El niño conminado a abandonar la satisfacción directa de su sexualidad exige compensación por su sacrificio. El mundo fantasmático y sus fijaciones ofrecen este resarcimiento.

Pero ¿qué ocurre con la sexualidad infantil trabajosamente resignada? ¿Qué suerte corre el erotismo correspondiente a la etapa anal? Freud propone algunos destinos para esta sexualidad que ha sido sacrificada. Uno de ellos es su incorporación a la sexualidad adulta con ciertas condiciones. Otro rumbo desemboca en la formación del carácter. Una tercera posibilidad, finalmente, es la represión y la formación de síntomas.

En general, la sexualidad pregenital puede incorporarse a la sexualidad adulta y contribuir al goce genital. Sin embargo, esto no agota las posibilidades. El erotismo anal y su objeto, las heces, participan de la sexualidad adulta a partir de una propiedad del inconsciente.

En el inconsciente, los conceptos de excremento, dinero, regalo, niño y pene son tratados como equivalentes. Por lo tanto, son intercambiables. Todos ellos son objetos de deseo y causan el interés del niño y de su madre en los diversos estadios.

Según Freud, el excremento es, en efecto, el primer regalo que el niño ofrenda a su madre como testimonio de su amor, o se lo retacea si el odio lo mueve a ello. El dinero entra en esta ecuación como un regalo que se puede entregar o recibir y que, culturalmente, recibe la misma valoración que las heces. Por lo tanto, el sucio y despreciable dinero aparece como altamente deseable.

Suele afirmarse que el hombre "le hace" un niño a su mujer, como quien le hace un regalo. A través de esta equiparación, el erotismo anal participa del deseo de niño. Más aún, una de las teoría sexuales desarrolladas por los niños es la llamada "teoría de la cloaca", que supone que los niños son concebidos mediante besos o por la ingesta de algún alimento y luego paridos por el ano. Esta imaginaria posibilidad equipara a niños y niñas en tanto todos serían capaces de parir. También pone en evidencia la simbolización del niño en el excremento, dado que ambos serían tramitados por el intestino.

Para Freud, el deseo de tener un niño es heredero del erotismo anal. Hay cierta analogía orgánica entre el niño, el pene y el excremento: los tres son cuerpos sólidos que excitan al entrar o salir por una cavidad mucosa. Sobre la base de esta similitud, Freud investiga la posibilidad de que por este motivo se manifiesten en lo psíquico como equivalentes.

Sin embargo, aunque el erotismo anal contribuya al deseo de tener un niño, la relación fundamental es entre pene y niño. Así, durante la etapa fálica la niña desea tener un pene y envidia el goce que este órgano parece proveer y del que se siente privada. En esta dirección, Freud descree del instinto maternal: para él, una mujer busca ser madre sólo si simboliza en el niño deseado toda la carga que en su momento representó la envidia del pene.

El carácter

Los rasgos de carácter son modos de reacción reflejos y no premeditados que el sujeto ha aceptado como propios y de los que, incluso, se siente orgulloso. El estilo caracterológico anal propuesto por Freud es un tríptico formado por el orden, el ahorro y la tenacidad. Según sostiene en *Carácter y erotismo anal*, esta trilogía es el resultado de la transmutación del erotismo anal.

En primer lugar, la exigencia del orden abarca tanto la escrupulosidad en la higiene personal y del hogar como la idealización del "ser organizado". Estas personas se vanaglorian de haber encontrado sistemas racionales para todo, aun para disciplinar las mínimas tareas cotidianas. Pretenden ser "máquinas vivientes" que pueden hacer todo en tiempo y forma, sin que nada interfiera en sus planes.

Su ideal parece ser el comando autoconsciente de la totalidad de su vida y sus emociones. Estos sujetos están presos de su manía por el orden y la meticulosidad. Sienten la necesidad de reglamentarlo y contarlo todo, y de someterse a imperativos o prohibiciones rigurosas. Toda actividad debe ser ritualizada, hasta las distracciones, que se convierten en conductas rígidas reguladas por reglamentaciones tiránicas.

En segundo lugar, la necesidad de ahorrar no significa sólo el uso prudente del dinero, sino que se desliza hasta la avaricia y la tacañería. También, como compensación, puede derivar en la generosidad patológica. De manera inconsciente, el dinero se equipara a las heces y, por lo tanto, su administración queda sometida al régimen anal de retención y expulsión.

Estas personas encuentran grandes dificultades para desprenderse de sus objetos, incluso de los que ya no les brindan beneficios. Se sienten arrastrados a coleccionar lo inservible a la espera de un hipotético momento en que el reciclaje transformará el excremento en tesoro.

El imperativo referido al orden puede asociarse a esta necesidad de ahorrar. Se sabe que el tiempo es oro y que, por lo tanto, es urgente ahorrar tiempo y esfuerzo mediante protocolizaciones que procuren optimizar y racionalizar la utilización de elementos tan preciosos.

Finalmente, la tenacidad obsesiva se agudiza hasta la rigidez de pensamiento. Esta testaruda perseverancia obstaculiza la posibilidad de considerar nuevos puntos de vista y, por ende, de abrirse a nuevas ideas. Bajo el disfraz de una lealtad a ultranza a la palabra empeñada se esconde una actitud porfiada que puede asociarse con alguna tendencia a la cólera y la venganza.

Como ya se dijo, nada se pierde, todo se transforma: el aseo exagerado, la pulcritud y la escrupulosidad deben ser entendidos como reacción al interés por las heces y lo sucio. La obstinación y la tenacidad, en cambio, prolongan la actitud desafiante del niño ante las exigencias propias del control de esfínteres.

Las heces se convierten en dinero a través del mecanismo de la sublimación. En química, la sublimación es el proceso por el cual el hielo, por ejemplo, pasa directamente, sin derretirse, del estado sólido al estado de vapor. El hielo y la nieve se subliman cuando sopla el viento seco, aunque la temperatura sea muy inferior a 0º C. El inaceptable interés por los excrementos se sublima de manera imperceptible en el culturalmente apreciado afán por el dinero.

Retorno de lo reprimido

La sexualidad reprimida necesariamente reaparece en la sintomatología neurótica. Pensamientos, impulsos y acciones compulsivas tramitan el retorno de lo reprimido en la neurosis obsesiva.

Los pensamientos obsesivos tienen una apariencia disparatada equivalente al contenido manifiesto de un sueño. A pesar de su necedad, consumen la totalidad de la energía de un sujeto esclavizado a esta inevitable actividad que, en realidad, no le interesa.

Tal el caso del Hombre de las Ratas, quien creyó entender que su amada hacía algún comentario inconveniente sobre su persona y se enfureció enormemente con ella. Sin embargo, había entendido mal. Se propuso aprender de la experiencia y jamás volver a cometer ese error. Constituyó así su "obsesión por comprender", con la que atormentaba a quien le dirigiera la palabra. De haber podido enfrentar su conflicto de ambivalencia con su novia, se habría ahorrado la compulsión. Él amaba y odiaba simultáneamente, y este dilema reprimido se expresaba en su pensamiento obsesivo. El rumiar interminable sobre el significado de lo que le había sido dicho en conversaciones triviales era efecto de un "falso enlace" con el que, inadvertidamente, maltrataba a sus seres más queridos.

Los impulsos obsesivos pueden tener el aspecto más espantoso, tal como la tentación de cometer terribles crímenes o actos aberrantes. A diferencia de otras patologías, el neurótico obsesivo difícilmente se deja llevar por estas tentaciones. Por lo general huye de ellas, abroquelándose tras prohibiciones y restricciones a su libertad.

Ernesto, el Hombre de las Ratas, debía contar hasta cuarenta o cincuenta entre el relámpago y el trueno. El trabajo de interpretación terminó por aclarar que esta práctica constituía una superstición que debía protegerlo contra tentaciones agresivas hacia su novia y su padre. Esta tentación, quizá formalizable en un "¡Ojalá te parta un rayo!", se veía mágicamente obstaculizada por una recomendación equiparable al usual "contar hasta diez" antes de hacer algo de lo podría arrepentirse.

Ernesto parece ser una buena persona pero, a la vez, abriga los peores deseos hacia los suyos. No se sabe si ama u odia y, desde el punto de vista de sus convicciones, alterna entre una escrupulosa religiosidad y las más herejes fantasías. De esto último da testimonio la obligación de rezar que se había impuesto y que le insumía cada vez más tiempo. En efecto, según Ernesto, el "diablo metía la cola" entre sus plegarias: siempre se introducía en ellas algo que las transformaba en su contrario; por ejemplo, el deseo de blasfemar. Esto lo obligaba a recomenzar una y otra vez, lo que derivaba en una actividad que consumía hasta una hora y media de cada uno de sus días.

En suma, los actos compulsivos son actividades en apariencia inofensivas y triviales que complican la vida cotidiana y que no producen ningún placer, pero que resulta imposible evitar. En muchos casos, además, estas prácticas están investidas de una poderosa eficacia que les atribuye el sujeto: sirven para conjurar mágicamente peligros y castigos. Con ello garantizan, de paso, su persistencia en el repertorio de comportamientos del individuo.

Ambivalencia y locura de la duda

La ambivalencia es la confluencia sobre un mismo objeto de actitudes o sentimientos contradictorios, tales como el amor y el odio. Ambas tendencias coexisten y, por lo tanto, el empeño por cuidar al amado convive con el deseo de perjudicarlo. La conflictiva propia de la ambivalencia no es exclusiva de la patología obsesiva, pero en ella se manifiesta con especial virulencia.

Cuando el esfuerzo por mantener a raya el odio se traduce en la exacerbación de su contrario, el mecanismo de defensa actuante se llama "formación reactiva". Un ejemplo de ello es ese tipo de amor que asfixia con sus desvelos. "Por el bien" del amado se le prohíbe una existencia autónoma y se le imponen cuidados que violan su privacidad y su independencia. A través del exceso de manifestaciones amorosas se desliza, silencioso, su opuesto, el odio, por lo que se maltrata al ser querido con la mejor intención.

El carruaje que trae a la amada de Ernesto está a punto de pasar cuando éste descubre una pequeña piedra en el camino. Alarmado por la posibilidad de que pueda ocurrirle un accidente a su novia, retira el obstáculo. Inmediatamente se percata de lo ridículo de sus temores y vuelve a colocar la piedra en su lugar, con lo que los temores previos vuelven a presentarse.

La "anulación retroactiva" es un mecanismo de defensa que pretende borrar mágicamente con el codo lo escrito con la mano. El acto de retirar la piedra simboliza el deseo amoroso de protección. Su reubicación indica el anhelo opuesto, pero, a diferencia de lo que rige en la lógica matemática, aquí no hay anulación y vuelta a cero. Ocurre, en cambio, que ambas acciones se vuelven compulsivas y deben reiterarse indefinidamente, mientras el sujeto no se decida a encarar de manera consciente su conflicto.

Los obsesivos tienen predilección por la duda y la presentan desde su faz más angustiante. Mucho antes de las teorizaciones freudianas, la psiquiatría ya hablaba de "la locura de la duda" o del "delirio de duda". Esta intensa y minuciosa actividad mental consume buena parte de las energías disponibles, pero no prepara para la acción. En lugar de ello, se encuentra al servicio del indefinido aplazamiento de los compromisos; se evita con destreza inconsciente toda proximidad al momento de resolución. Lejos de querer llegar a un resultado final, se mantiene activamente este estado de inseguridad e irresolución.

El obsesivo necesita dudar, aunque se queje de ello. La incapacidad para adoptar cualquier decisión que tenga que ver con el amor se debe a que contra un amor muy intenso se levanta un odio igualmente potente. El resultado es la inhibición. De allí en más, la duda no permanece en su ámbito original, sino que se desplaza paulatinamente hasta abarcar toda posible actividad del sujeto, aun la más nimia. Si, según se ha supuesto, Malvin duda de su propia lealtad y cariño hacia un amigo, también puede dudar de haber abierto o cerrado la puerta, o de haber encendido o apagado la luz o, como tanta otra gente, de si cerró el gas de la cocina antes de salir. Su vida se torna imposible ya que, según Freud, aquél que duda de su amor, duda también de todo lo demás.

Aislamiento y tabú

Las defensas son patológicas cuando buscan esquivar lo problemático en lugar de enfrentarlo. Una modalidad de este tipo de defensas es el "aislamiento", que busca enquistar lo conflictivo.

Simbólicamente podría decirse que se cava un foso en torno del pensamiento problemático y de esta manera se evita que otras ideas tengan acceso a él. Los recuerdos angustiantes no son olvidados ni anulados; simplemente son aislados. El sujeto evita entrar en contacto con ellos o que ellos entren en asociación con otros pensamientos que pudieran devolverles la trascendencia que tienen en realidad.

Así, se trata como irrelevante una idea realmente importante. Ernesto temía por el bienestar de su padre y de la dama de sus pensamientos. Muchos de sus ceremoniales y obsesiones tenían por fin evitar mágicamente que su padre sufriera algún mal. Al tiempo y como al pasar, Freud se entera por boca de su propio paciente que el padre que debía ser protegido de todo mal había muerto hacía ya mucho tiempo. El Hombre de las Ratas era consciente de la muerte de su padre, pero evitaba pensar en ello y, por lo tanto, no lo comunicó en el momento oportuno.

En *Tótem y tabú*, Freud relaciona las particularidades de la neurosis con las prohibiciones inherentes al tabú, que también emplean técnicas de magia y aislamiento. El concepto de tabú remite a "una serie de limitaciones a que estos pueblos primitivos se someten; esto o aquello se prohibe, no sabemos por qué, y ni se les ocurre preguntarlo, sino que se someten a ello como a una cosa obvia, convencidos de que una violación se castigará sola con la máxima severidad".

Las prohibiciones-tabú más importantes son las que imponen no matar al animal totémico y evitar el comercio sexual entre los miembros de un mismo clan. En estas culturas, las prohibiciones se corresponden con las de la conflictiva edípica: tabú del incesto y prohibición de matar al padre.

Las prohibiciones-tabú y las obsesivas comparten ciertas características: se presentan como aparentemente incomprensibles e inmotivadas, y su violación convoca las peores consecuencias. Además, la principal prohibición recae en el "entrar en contacto". El objeto amado-odiado debe ser aislado; se debe evitar todo contacto con él. Son tantas las afinidades halladas entre las prohibiciones-tabú y las obsesivas que Freud reflexiona sobre la posibilidad de nombrar a esta neurosis como "enfermedad de los tabúes".

Una comparación ilustrativa

Freud reflexiona en varias ocasiones sobre las religiones y la necesidad humana de ellas. Junto a su implacable opinión de que debían ser superadas por el espíritu científico, dejó en claro su respeto por el pueblo religioso y en especial por el judío en ocasión de la persecución nazi.

En 1907, Freud investigó semejanzas y diferencias entre los ceremoniales obsesivos y los ritos religiosos. Lo habilitaba para esta comparación el uso establecido del mismo término ("ceremonial") para ambas prácticas.

Los ceremoniales son una serie de acciones o maniobras que presentan las siguientes características: se llevan a cabo siempre de una misma forma; se realizan de manera constante, y complican la ejecución de las tareas más habituales y comunes. No necesariamente tienen que ser actos absurdos en sí mismos; su particularidad parece residir en su reiteración y carácter obligado.

El sujeto es incapaz de suspender estos actos protocolarizados o desviarse de ellos. Si los pasos estipulados son alterados, unas reglas no escritas lo obligan a rehacer el ritual hasta el infinito. La puntillosa ejecución del acto sólo disuelve momentáneamente la angustia. No la elimina ni la resuelve, sólo la mantiene a raya por un tiempo.

Con frecuencia, muchas personas sanas adoptan alguna rutina para conciliar el sueño, o en su higiene personal. Pueden evitar los ruidos, oscurecer el ambiente, dormir siempre del mismo lado y con el mismo tipo de almohada, y demás. El uso apropiado del dentífrico y del cepillo dental no se deja librado al azar, y es posible que el baño personal comience siempre por la misma parte del cuerpo.

Sin embargo, si alguna circunstancia externa impone un cambio, el individuo se adecua a ello con mayor o menor facilidad, pero sin sufrir un ataque de angustia. Por el contrario, el ceremonial patológico es inflexible y conlleva no sólo algún vago sentimiento de contrariedad, sino serias amenazas de angustia.

Freud va construyendo entonces el perfil del ceremonial obsesivo: escrupulosidad exagerada, variedad infinita de acciones habituales contaminadas por la obsesión, angustia ante la infracción de leyes de procedimiento no escritas pero implacables, carácter privado del acto y aparente carencia de sentido de dicho acto.

Durante su ejecución, tanto los ceremoniales religiosos como los obsesivos se concentran exclusivamente en la práctica en cuestión a fin de evitar desviaciones. La escrupulosidad asumida en la realización alcanza a los menores detalles.

¿Cuáles son las diferencias? Los ceremoniales religiosos son comunes a toda la feligresía; nadie improvisa su propio ritual, sino que acepta y comparte el acto comunitario. Los ceremoniales obsesivos, en cambio, son altamente personales y su variedad es infinita. Se llevan a cabo en soledad, por lo que quedan enmascarados como patologías. Además, mientras que los rituales sagrados sostienen simbolizaciones milenarias reconocidas por la comunidad, las prácticas obsesivas ofrecen un panorama extremadamente ridículo.

Sin embargo, si se acepta que en los síntomas neuróticos se expresa de modo deformado un sentido inconsciente, la principal diferencia es otra. En efecto, mientras que la persona religiosa puede informarse sobre la significación simbólica de sus ritos, el obsesivo ignora el significado de sus excentricidades.

Junto a este resultado, Freud arriba a este otro punto paradójico: el religioso se sabe pecador y lo asume; el obsesivo se siente en falta y busca castigo y expiación, pero ignora el origen de su malestar.

Las primeras teorizaciones psicoanalíticas descubrieron que en la neurosis obsesiva el reproche virulento quedaba inevitablemente asociado a la actividad sexual. La personalidad del neurótico obsesivo jamás deja de presentar este rasgo de torturante eticidad.

Freud arriba a una conclusión que habría de generarle no pocas dificultades: la neurosis obsesiva es una religión individual, y la religiosidad es una neurosis obsesiva universal.

"Desdichados que se martirizan con cierto goce"

En la línea de las propuestas derivadas del ya mencionado *Manual Diagnóstico y Estadístico de los Trastornos Mentales* (DSM), existen cuestionarios destinados a favorecer la confesión de síntomas obsesivos que resultan vergonzosos o repugnantes. Los pacientes llenan unos cuestionarios que luego son evaluados por especialistas con el fin de confirmar o descartar un diagnóstico de trastorno obsesivo compulsivo (TOC).

El Inventario Obsesivo-Compulsivo de Maudsley incluye enunciados a los que el paciente debe responder con "verdadero" o "falso". Algunos de ellos son: "La honestidad me preocupa más que a la mayoría de la gente" o "Tengo una conciencia muy estricta".

Nemiah y Uhde afirman que en el TOC vuelven a aflorar las propiedades infantiles del superyó, cuyas características son extremadamente punitivas, severas y exigentes.

El psiquiatra Henry Ey, por su parte, recuerda que los clínicos reconocen en los neuróticos obsesivos la tendencia a los escrúpulos, las crisis morales de conciencia y los tormentos éticos. Describe a estos sujetos como "desdichados que se martirizan con cierto goce", quedando presos "en el imperativo categórico de una ley que los reduce a no ser nada".

Hasta los años veinte, Freud trabaja con lo que se ha dado en llamar Primera Tópica. Esta representación espacial del aparato psíquico apela a los sistemas preconsciente, consciente e inconsciente como modos de registro y organización de las vivencias. La Segunda Tópica, a su vez, plantea una nueva categorización de las pulsiones e introduce una novedad fundamental: la pulsión de muerte.

Entre otros motivos, la dificultad para teorizar fenómenos como el masoquismo llevó a Freud a proponer este nuevo dualismo pulsional: las pulsiones de vida y las de muerte. Según esta lógica, el hombre no sólo trabaja por su felicidad y bienestar, como sostiene la dinámica del principio del placer-displacer, sino que también busca su desgracia.

La Segunda Tópica se compone de tres instancias: el ello, el yo y el superyó. En comparación con la primera, esta tópica es mucho más antropomórfica. En ella se le atribuyen ciertos rasgos humanos tanto al funcionamiento de la totalidad como al de cada una de las partes. Se habla de las instancias como si fueran personajes reales que conviven conflictivamente en el interior de las personas. El lenguaje empleado se vuelve ahora más metafórico.

El ello constituye el reservorio original de energía; es el polo pulsional de la personalidad y está abierto hacia lo somático. Representa a las pasiones que actúan ciegamente, sin organización ni voluntad unificada. El yo toma su energía del ello y se presenta como el embajador del bienestar de la totalidad. Su actividad se corresponde con la de un eterno mediador que trata de compatibilizar la armonía del conjunto con los intereses sectoriales. En este sentido, por ejemplo, intenta satisfacer las exigencias del ello sin que esto enfurezca al tribunal ético constituido por el superyó.

El perfil atormentadamente ético de la persona obsesiva se debe a la virulencia de la actividad del superyó. Esta instancia es una figura altamente paradójica. Está encargada de las funciones de juez o censor del yo. En un sentido, es heredero del complejo de Edipo y, como tal, impone un límite y ordena la sexualidad de las personas. Sin embargo, no es una instancia ecuánime. Tiende a ser un severo tirano crónicamente disconforme que exige siempre más, gozando en la prohibición misma. Freud dice que el superyó grita su mandato y se preocupa poco por saber si se podrá obedecerlo. Lacan agrega que el superyó ordena lo imposible.

En la neurosis obsesiva, el superyó despliega una actividad infatigable, que se traduce en reproches interminables, sentimientos inconscientes de culpa, búsquedas de castigo, reacciones terapéuticas negativas, y demás. Se vuelve cada vez más duro, martirizador y desamorado. No es un juez imparcial, sino que tiene un marcado matiz sádico. Freud atribuye estas terribles características a la regresión a la etapa sádico-anal.

El niño que gozó de meterse por debajo de las polleras de sus institutrices no sabía que infringía una norma. Sin embargo, esto de poco sirve en el momento de defenderse del superyó. El castigo persiste porque el argumento basado en "yo no sabía" no es justificativo.

En el mundo de las neurosis, lo que cuenta es la realidad psíquica. Por esta razón, el superyó condena con la misma severidad los crímenes efectivamente realizados y los sólo fantaseados. Incluso cuando la mujer "capaz de cualquier cosa, aun de matar a su hijo" no haya llevado adelante nada que justifique los reproches, esto no atenúa la sentencia.

Dadas estas circunstancias, el obsesivo se vuelve sumiso con respecto a su superyó. Pretende obtener el perdón mediante la estrategia de la obediencia debida. Sin embargo, nada parece atemperar la despiadada ferocidad superyoica. En este punto, Freud recuerda la paradoja del santo que cuanto más se sacrifica y martiriza, más exigido se siente y se ve eternamente obligado a mayores sacrificios.

El superyó es, por lo tanto, "caldo de cultivo de la pulsión de muerte". Jacques Lacan habla de la "figura obscena y feroz del superyó" y sostiene que es el reverso del deseo. Tanto para Lacan como para Freud, durante el psicoanálisis la acción del superyó es uno de los obstáculos más difíciles de sortear.

Propuestas lacanianas

El psiquiatra y psicoanalista francés Jacques Lacan (1901-1981), asumiendo que los posfreudianos se habían desviado de las enseñanzas del creador del psicoanálisis, propuso en un inicio el "retorno a Freud". Poco a poco fue constituyendo su propia y original teoría, que incorpora las perspectivas de disciplinas como el estructuralismo, la lingüística estructural y la topología, además del pensamiento filosófico de pensadores como Hegel, Heidegger y Kierkegaard. Entre las muchas y polémicas novedades que introdujo en el psicoanálisis, figura su "clínica de la pregunta".

Según Lacan, el neurótico sostiene en su estructura una pregunta para la que el inconsciente no tiene respuesta: la interrogación fundamental de la histeria de conversión es "¿Qué es ser una mujer?".

La pregunta que Lacan propone como esclarecedora de la patología obsesiva es "¿Qué soy?" o, simplemente, "¿Soy? ¿Qué es estar vivo?". Parece un mal chiste que para curar al obsesivo haya que abrir un interrogante en lugar de ofrecerle las certezas que siempre añora.

Según Lacan, el obsesivo busca una respuesta que dé razón de su existencia particular. Se le podría responder que lo que cada uno "es" no es algo que se sepa de antemano mediante elucubraciones intelectuales. Cada uno se construye durante su existencia y, por lo tanto, la respuesta sólo puede alcanzarse viviendo. No obstante, es improbable que el obsesivo se sienta satisfecho con una réplica como ésta.

En lugar de buscar existencialmente su propia respuesta, es probable que el obsesivo postergue sus decisiones y con ellas su vida, buscando garantías y certezas que lo preserven del fracaso. Ernesto parece recordar siempre que la vida es cosa seria y que, por lo tanto, no es cuestión de decidir a la ligera. Sostendrá activamente sus incertidumbres, acumulando previsiones que jamás son suficientes y que tornan imposible su deseo.

El neurótico obsesivo posterga una y otra vez ese acto que lo pondría sobre la escena como primer actor de su deseo y protagonista de lo suyo.

Lacan sugiere que para el obsesivo su deseo es imposible; el obsesivo se escabulle de su deseo y de la responsabilidad de hacerse cargo de él. De lo contrario, debería asumir la posibilidad de no encontrar todo lo buscado, de no ser tan eficiente en esto como en otras cosas. Tendría que correr los riesgos y pagar el precio correspondiente y, de esa manera, obtener el placer que pueda proporcionarle el deseo. Seguramente, nunca lo obtenido constituirá una retribución proporcional a la inversión.

Se puede pensar que Ernesto terminará admitiendo que el deseo no es buena idea; que él es impotente para lograr el máximo éxito, o que aún no ha llegado el momento. En todo caso, es imposible en el presente; quizá mañana o pasado. Tal vez él prefiera sentarse a mirar y aprender de la experiencia ajena. A lo mejor, todavía no se siente listo o no sepa nada acerca de la propia valía y desconozca para qué ha sido puesto en el mundo. Mientras no se tengan en claro cuestiones tan fundamentales, ¿para qué apresurarse?

El obsesivo invierte mucho tiempo en planear con anticipación un futuro que posterga infinitamente. Según Lacan, esta postergación es la estrategia privilegiada del neurótico obsesivo para asegurarse de que su deseo sea imposible: ¿para qué hacer hoy lo que puede dejar para mañana?

El argumento central del neurótico es que necesita estar mejor preparado para garantizar el éxito cuando suene la hora señalada. Pero el momento oportuno jamás llega. Entonces, el obsesivo se lamentará por lo que no hizo en el pasado. Lacan dice que el obsesivo "anticipa demasiado tarde" y nunca está a la "hora señalada".

- Ernesto sueña con el momento en que el jefe muera y él, por qué no, pueda acceder a su puesto. El jefe sabe lo que hace; se lo ve totalmente dueño de sí mismo. Secretamente, Ernesto tiene en él a su ideal. Mientras espera su momento, Ernesto no deja nada librado al azar y cuida hasta los más mínimos detalles. Procura eliminar los imprevistos. Se esfuerza por garantizar las reglas de juego. Tiene la convicción de que los protocolos son imprescindibles: debe existir un manual de instrucciones al que atenerse.

Entre tanto, el deseo personal debe postergarse en aras de la satisfacción de las demandas ajenas. Lacan afirma que el obsesivo convierte las demandas ajenas en objeto de su deseo, y se empeña en satisfacerlas plenamente. Mientras ello ocurre, el deseo sigue esperando.

De manera llamativa, a Ernesto nada le resulta fácil y agradable. Lacan dice que para el obsesivo todo es esforzado y heroico, casi una hazaña o una proeza: trabajar, estudiar, amar... Todo en él es sobresaliente; quizás así pueda satisfacer a quien siempre lo acompaña en su imaginación. Su padre, que siempre pensó que era un inservible, tal vez sea ahora testigo invisible de su valía. A lo mejor, ese hombre invisible que lo acompaña siempre dé al fin un guiño de aprobación en lugar de exigir siempre más y más.

Ernesto está desesperado y quiere encontrar una salida para su atormentada existencia. Por casualidad, cae en sus manos un libro muy extraño. Se titula *Psicopatología de la vida cotidiana* y lo firma un tal doctor S. Freud. En ese texto, se sostiene una hipótesis insólita: los más diversos inconvenientes que alteran y complican la vida cotidiana pueden ser entendidos y curados. Ernesto se siente, finalmente, comprendido. Entonces, decide hacer una consulta. Pero ¿en qué consiste el método psicoanalítico?

Reflexiones sobre técnica psicoanalítica

La pintura, dice Leonardo da Vinci, trabaja "*per via di porre*": sobre la tela en blanco deposita elementos donde antes no estaban. La escultura, en cambio, procede *"per via di levare"*: quita de la piedra todo lo que esconde la figura que anida en ella. La técnica psicoanalítica procede según esta última técnica: pretende remover los obstáculos que apresan el deseo.

Las técnicas sugestivas y conductistas proceden *per via di porre.* Desprecian la importancia del origen de los síntomas y no consideran su significación. Agregan "algo" que suponen capaz de impedir la manifestación de los síntomas. Así, las técnicas de reeducación conductistas proponen ejercicios de control a fin de evitar la sintomatología. Con el mismo objetivo, el hipnotizador aporta su influencia personal.

La medicación psiquiátrica, cuando sustituye al trabajo de develamiento de las determinaciones inconscientes, también opera *per via di porre.* En otras ocasiones, acompaña al análisis y alivia la travesía.

En cambio, la terapia psicoanalítica no agrega nada nuevo. Pretende quitar las piedras que cada uno pone en su propio camino. Los pilares técnicos fundamentales son aquí la asociación libre y la atención flotante en el contexto de la transferencia.

La "asociación libre" exige al paciente un compromiso: comunicar todo lo que pase por su cabeza, decir todo aquello que se le ocurra. Las asociaciones sin importancia, las groseras y hasta las disparatadas deben ser comunicadas sin ejercer censura alguna sobre ellas.

Esta regla fundamental del psicoanálisis apunta a desplazar el control que ejerce el yo sobre sus pensamientos y, por lo tanto, a combatir los obstáculos que impiden que se manifieste lo inconsciente. El procedimiento pretende deducir lo reprimido a partir de estas ocurrencias espontáneas, siguiendo la analogía que propone Freud: "extraer del mineral en bruto de las ocurrencias no deliberadas el contenido metálico de pensamientos reprimidos".

A su vez, la "atención flotante" le exige al analista que suspenda toda focalización de su atención. Así como el paciente debe decir todo lo que se le ocurra sin ejercer ninguna censura, el analista debe escuchar con atención pareja todo lo que se le diga. Esto significa que analista y paciente pretenden trabajar *per via di levare.*

Ambas exigencias —la asociación libre y la atención flotante— apuntan a facilitar la expresión del inconsciente, y, por lo tanto, todo lo que obstaculice esta posibilidad es una "resistencia" a la cura.

El vínculo entre el paciente y su analista puede, algunas veces, constituirse en resistencia y obstaculizar la asociación libre. Otras veces esta relación favorece el progreso del proceso. El concepto de "transferencia" conceptualiza estas alternativas.

Guiado por la idea de que su estrafalario penar pudiera tener sentido y cura, Ernesto decide consultar a Freud. El nexo que se va estableciendo entre el futuro analista y su paciente favorece el tratamiento. Desde este primer confiado acercamiento, el Hombre de las Ratas acepta la regla fundamental y se permite asociar libremente sobre sus síntomas a fin de encontrarles una significación inconsciente. Sin embargo, las circunstancias no siempre son tan promisorias.

El trabajo analítico se ve obstaculizado cuando, a los ojos del paciente, el analista encarna personajes derivados de su historia personal y frente a los cuales no juzga adecuado abrir su corazón.

Lo que ocurre en la "transferencia" es que un fragmento de vida infantil se desplaza sobre el vínculo actual con el analista. Esta "transferencia" tiñe al vínculo con su significación. El analista puede, por ejemplo, aparecer como un comprensivo padre dispuesto a ayudar o como un severo superyó sólo proclive a la censura. El trabajo analítico es favorecido o entorpecido según estos avatares, cuya presencia es necesario considerar en toda cura psicoanalítica.

Siguiendo las indicaciones de la *via di levare*, es aconsejable diseñar una estrategia terapéutica para cada paciente. Dicha estrategia, que recibe el nombre de "encuadre", debe favorecer el análisis y de ninguna manera obstaculizarlo. Esta sugerencia de alcance general se aplica en especial al tratamiento de los pacientes obsesivos.

Existe una caricatura del proceso psicoanalítico que ha sido hábilmente explotada por los humoristas. El psicoanalista se mantiene siempre idéntico a sí mismo: siempre los mismos gestos, siempre el mismo aspecto exterior (incluida la pipa y la barba)... Se respeta a ultranza la duración de la sesión con sus tradicionales cincuenta minutos. La lista sigue con ceremoniales referidos al saludo, el pago de los honorarios y el período de vacaciones pactado con anticipación y sin sorpresas, sin olvidar la exigencia del diván. Los rituales se mantienen e imponen con enérgico rigor superyoico. Nada podría ser más contraproducente si lo que se pretende es favorecer la cura de una patología obsesiva, que ya trae por sí misma una buena cuota de ritualizaciones.

En caso de llevar adelante una terapéutica psicoanalítica, las exigencias de "asociación libre" y "atención flotante" no se negocian. Lo mismo ocurre con la necesidad de tener en cuenta los laberintos transferenciales que favorecen o contrarían el trabajo. Pero, según el caso, dinero, lugar, tiempo, diván, aspecto y actitud, tanto como el resto de los ingredientes de la receta psicoanalítica, pueden y deben combinarse caleidoscópicamente con los pilares básicos de la técnica.

El psicoanálisis pretende brindar una "atención personalizada", caso por caso. El neurótico obsesivo se identifica firmemente con los estereotipos ritualizados y estables, que no admiten excepciones. Esta identificación es una parte importante de sus problemas. Si el psicoanalista adopta, también él, una actitud protocolarizada y predecible, trabaja a favor de las resistencias; se transforma en el "ídolo" del obsesivo. En lugar de favorecer un proceso de cambio, se constituye en obstáculo.

Freud advirtió sobre el peligro de transformar al psicoanálisis en una religión, en el sentido de que la religión sostiene la igualdad de los hombres ante Dios. Por el contrario, para el psicoanálisis no rige esta máxima según la cual "todos son iguales frente al Padre".

En *El malestar en la cultura*, Freud entiende que "no existe consejo válido para todos; cada quien tiene que ensayar por sí mismo la manera en que puede alcanzar la bienaventuranza". Si la sintomatología obsesiva es una "religión privada", su tratamiento no podrá encararse desde una posición descalificadora de lo singular.

Bibliografía

Cosentino, J. C., Construcción de los conceptos freudianos, *Buenos Aires, Manantial, 1993.*

Es un arduo pero muy completo relato de la teoría psicoanalítica desde sus comienzos hasta sus últimas teorizaciones.

Ey, Henry, y otros, Tratado de Psiquiatría, *8ª edición, México, Toray, Masson, 1987.*

Henry Ey es un lúcido exponente de la psiquiatría. Sus brillantes descripciones dibujan nítidamente el perfil de las patologías que aborda.

Freud, S., Las neuropsicosis de defensa, Obras Completas, *vol. III, Buenos Aires, Amorrortu Editores.*

Resulta un texto básico para comprender el psicoanálisis con cimientos firmes. Trabaja las bases de esta disciplina.

Freud, S., Inhibición, síntoma y angustia, Obras Completas, *vol. XX, Capítulos 3, 5 y 6, Buenos Aires, Amorrortu Editores.*

Es un texto tardío de Freud, donde el autor desarrolla el papel de las distintas instancias psíquicas correspondientes a la Segunda Tópica frente a los síntomas obsesivos y las relaciones entre éstos y la angustia.

Bibliografía

Freud, S., A propósito de un caso de neurosis obsesiva, Obras Completas, *vol. X, Buenos Aires, Amorrortu Editores.*

El Hombre de las Ratas es el caso paradigmático de neurosis obsesiva en la teoría psicoanalítica. De su lectura se desprenden, con ejemplos concretos, la mayoría de los conceptos necesarios para estudiar esta patología.

Laplanche, J. y Pontalis, B., Diccionario de Psicoanálisis, *Barcelona, Labor S.A., 1974.*

Cada uno de los artículos de este diccionario clásico brinda definiciones muy útiles sobre los principales conceptos psicoanalíticos, así como un rastreo teórico de su evolución.

Mazzuca, R., Lombardi, G., De Lajonquiere, C., Curso de Psicopatología V: Neurosis Obsesiva, *Buenos Aires, Tekné, 1987.*

Es una recopilación de las clases de la materia Psicopatología, de la cátedra del profesor Roberto Mazzuca. Presenta un integrador recorrido sobre la neurosis obsesiva. Incluye las visiones de S. Freud, M. Klein y J. Lacan.

Glosario

- **Aislamiento:** Mecanismo de defensa por el que una idea conflictiva es separada y mantenida aparte del pensamiento, sin que esto implique su olvido.

- **Aparato psíquico:** Modelo teórico que pretende dar cuenta de la lógica y la dinámica propias de la actividad anímica, las instancias involucradas y el tipo de energía que alimenta este aparato.

- **Complejo de Edipo:** Conjunto de deseos amorosos y hostiles que el niño experimenta hacia ambos padres. Es la experiencia fundante por la que el ser humano inscribe la prohibición del incesto.

- **Complejo de Edipo (celos):** Freud comenzó teorizando el complejo de Edipo simple (no ambivalente) en el varón. En esta versión, el niño ama a su madre y ve en su padre un obstáculo con el que rivaliza celosamente. La amenaza de castración proveniente de la instancia paterna da fin a la dramática edípica en el varón, en tanto el niño privilegia su integridad narcisista.

- **Compulsión:** Acción que el sujeto se ve obligado a realizar, pero de la que desconoce su motivación.

- **Compulsivo:** Carácter compartido por los síntomas propios de la neurosis obsesiva. Los pensamientos, impulsos y acciones compulsivos no pueden ser combatidos mediante razonamientos lógicos. Su evitación genera elevados montantes de angustia.

- **Ello:** Una de las tres instancias que conforman la Segunda Tópica freudiana. Es el polo pulsional y el reservorio original de energía.

- **Fase sádico-anal:** Organización de la libido bajo la primacía de la zona erógena anal. Punto de fijación de la neurosis obsesiva, intermedio entre la fase oral y la fálica.

- **Fijación:** Efecto de la adhesividad de la libido. El neurótico se halla fijado a experiencias infantiles que se resiste a abandonar.

- **Fobia / Histeria de angustia:** Una de las dos formas de histeria aisladas por el psicoanálisis. En esta neurosis, la angustia se deposita sobre un objeto o una situación exteriores (proyección) frente a los que, de manera concomitante, debe ponerse distancia (evitación).

- **Formación reactiva:** Defensa neurótica que sustituye un deseo penoso por rasgos de personalidad que lo contradicen. La extrema escrupulosidad es una formación reactiva frente al interés anal.

- **Histeria:** El estudio de las causas psíquicas de esta forma de neurosis dio nacimiento al psicoanálisis. Su sintomatología presenta dos formas clínicas: la histeria de conversión y la histeria de angustia (ver *La histeria,* en esta misma colección).

- **Histeria de conversión:** Forma de histeria cuya sintomatología se caracteriza por la simbolización somática de los conflictos reprimidos.

- **Libido:** Energía de la pulsión sexual. Su viscosidad o adhesividad explica su reticencia a abandonar posiciones en las que halló satisfacción.

- **Mecanismos de defensa:** Conjunto de operaciones por las que se tiende a buscar el placer y evitar el displacer. Así, por ejemplo, en la neurosis obsesiva opera la represión, la formación reactiva, el aislamiento, el falso enlace.

- **Neurosis:** Patología psíquica basada fundamentalmente en la represión, y cuyos síntomas son expresión simbólica de un conflicto inconsciente.

- **Obsesión:** Pensamiento intruso que asedia al sujeto, cuyo origen desconoce.

- **Principio de placer:** Uno de los principios que rigen el funcionamiento psíquico. Por él se tiende automáticamente a evitar el displacer y a buscar el placer por el camino más corto. El principio de realidad lo modifica, ya que tiende a aplazar la satisfacción según las exigencias del mundo exterior.

- **Pulsión:** Concepto que suele confundirse con el de "instinto", del que se diferencia. Se llama "pulsión" a cada uno de los elementos de la sexualidad humana, que el psicoanálisis diferencia de la animal. Freud describió las siguientes pulsiones: oral, anal, fálica, sado-masoquista y voyeurista-exhibicionista (mirar-dar a ver). Lacan agrega dos pulsiones: la invocante y la escópica.

- **Pulsión de muerte:** Dentro de la última teoría freudiana de las pulsiones, se imbrica con la pulsión de vida. Designa la paradójica tendencia humana que se especifica como masoquismo: la búsqueda del placer en el displacer.

- **Realidad psíquica:** Término empleado por Freud para indicar el hecho de que las fantasías, aunque tales, poseen eficacia patógena. En este sentido, los síntomas neuróticos se basan en fantasías pertenecientes a la realidad psíquica.

- **Regresión:** Movimiento de reflujo de la libido por el que se actualizan las fantasías a las que el sujeto se halla fijado.

- **Representación y energía psíquicas:** "Representación" y "energía" son los equivalentes freudianos de los conceptos de "materia" y "energía" del modelo de las ciencias fisicoquímicas. La "representación" corresponde aproximadamente al registro psíquico que dejan las diversas experiencias por las que atraviesan las personas. La energía que circula por el aparato psíquico puede activar estos recuerdos, es decir, volverlos conscientes. Por el contrario, al quitarles su aporte produce su represión.

- **Represión:** Mecanismo de defensa por el que se intenta evitar un displacer mediante el específico mecanismo de retiro de la carga energética que alimenta una representación conflictiva. Toda "represión" implica el "retorno de lo reprimido". En sentido amplio, es el término que algunas veces Freud emplea como sinónimo de "defensa" en general.

- **Sistema consciente-preconsciente:** En el contexto de la Primera Tópica, el sistema preconsciente se halla ubicado entre la conciencia y el inconsciente. Sus contenidos son potencialmente capaces de conciencia con sólo recibir una carga de atención. En este sentido, Freud puede hablar algunas veces del sistema "preconsciente-consciente". Está conformado por conocimientos y recuerdos que se hallan libremente a disposición de la conciencia.

- **Sistema inconsciente:** Uno de los sistemas de la Primera Tópica freudiana. Está constituido por representaciones reprimidas, es decir, por representaciones a las que se les negó el acceso a la conciencia. Su extrema complejidad y novedad fue desarrollada por Freud en *La interpretación de los sueños,* obra escrita en 1900 (ver *El inconsciente*, en esta misma colección).

- **Superyó:** Una de las instancias propias de la Segunda Tópica freudiana. Tradicionalmente concebido como heredero del complejo de Edipo, se lo considera, por una parte, la interiorización de la prohibición del incesto, y, por otra, una voz implacable que ordena lo imposible. Su acción está exacerbada en la neurosis obsesiva.

- **Tópica:** Teorización que propone la hipótesis de lugares o localizaciones que compondrían el aparato psíquico. La Primera Tópica freudiana distingue los sistemas inconsciente, preconsciente y consciente. La Segunda Tópica define tres instancias: el ello, el yo y el superyó.

- **Transferencia:** Vivencias psíquicas pasadas que se actualizan como vínculo actual con el psicoanalista. Puede potenciar u obstaculizar el proceso, pero no puede evitarse.

- **Trauma psíquico:** Acontecimiento, o serie de acontecimientos, que aportan un flujo de estímulos excesivo en relación con la capacidad de la persona para comprender y, por lo tanto, asimilar el hecho. Un trauma puede ser "elaborado" cuando el aparato psíquico logra dominar las excitaciones y ligarlas a las palabras.

- **Yo:** En el contexto de la Segunda Tópica freudiana, una de las tres instancias que la conforman. Su función es velar por la armonía de la totalidad de la personalidad.

Índice

Otros títulos de esta serie:
• El inconsciente • La fantasía • La angustia • La perversión • La fobia • La culpa • El narcisismo • Afecto y emoción • La histeria • El superyó • Actos fallidos